W0066719

Qazu̯īnī · Das kitāb al-ḥii̯al fil-fiqh

DOCUMENTA ARABICA

Herausgegeben von
Günter Meyer und Rudolf Sellheim

Teil II

Ethnologie – Literatur – Kulturgeschichte

2004
Georg Olms Verlag
Hildesheim · Zürich · New York

abū Ḥātim Maḥmūd ibn al-Ḥasan
al-Qazu̯īnī

Das kitāb al-ḥii̯al fil-fiqh

(Buch der Rechtskniffe)

Mit Übersetzungen und Anmerkungen
herausgegeben von

Joseph Schacht

2004
Georg Olms Verlag
Hildesheim · Zürich · New York

Bibliografische Information Der Deutschen Bibliothek:
Die Deutsche Bibliothek verzeichnet diese Publikation in der Deutschen Nationalbibliografie; detaillierte bibliografische Daten sind im Internet über http://dnb.ddb.de abrufbar.

Bibliographic information published by Die Deutsche Bibliothek:
Die Deutsche Bibliothek lists this publication in the Deutsche Nationalbibliographie; detailed bibliographic data ist available in the Internet at http:// dnb.ddb.de.

♾ ISO 9706
2. Nachdruck der Ausgabe Hannover 1924
Georg Olms Verlag AG, Hildesheim 2004
www.olms.de
Printed in Germany
Gedruckt auf säurefreiem und alterungsbeständigem Papier
Umschlagentwurf: Prof. Paul König, Hildesheim
Herstellung: Hanf Buch- und Mediendruck, 64319 Pfungstadt
ISBN 3-487-12604-4
ISSN 1613-6403

Beiträge zur semitischen Philologie und Linguistik
herausgegeben von
G. Bergsträsser
Heft 5

Das kitāb al-ḥiịal fīl-fiqh (Buch der Rechtskniffe)

des

abū Ḥātim Maḥmūd ibn al-Ḥasan al-Qazụīnī

mit Übersetzung und Anmerkungen

herausgegeben von
Joseph Schacht

Hannover 1924

Orient-Buchhandlung Heinz Lafaire

Inhalt.

Vorwort.

Die hier vorliegende Ausgabe des kitāb al-ḥiial fil-fiqh des al-Qazuīnī soll in erster Linie eine Ergänzung und ein Gegenstück zu meiner Edition des al-Ḫaṣṣāf bilden: dort liegt ein ḥanafitisches Rechtskniffbuch vor, hier das einzige erhaltene šāfiʿitische; dort eine ḥiial-Schrift, in der Hauptsache aus der Rechtspraxis erwachsen und für sie bestimmt, hier eine, die den Zusammenhang mit ihr meist vermissen läßt und den Begriff der ḥīla als Rechtskniff fast bis zu seiner Auflösung erweitert. So mag al-Qazuīnī als Folie für al-Ḫaṣṣāf dienen und dessen Wert für die Erschließung der Rechtspraxis klar hervortreten lassen. Aber auch darüber hinaus wird man, hoffe ich, dem hier herausgegebenen Text eigenen Wert nicht absprechen wollen, obgleich er sich natürlich hierin schon seiner Jugend wegen mit al-Ḫaṣṣāfs Werk nicht messen kann.

Obwohl mir nur die einzige überhaupt bekannte Handschrift in Berlin zu Gebote stand, glaube ich doch, dank der Güte des Kodex, einen recht sichern Text bieten zu können. Übersetzung und Anmerkungen, die bei al-Ḫaṣṣāf aus äußeren Gründen nur in Proben beigefügt werden konnten, sind vollständig gegeben. Beide sollen von meiner Auffassung des Textes Rechenschaft ablegen, außerdem aber das Buch auch dem Nichtkenner des Arabischen zugänglich machen, besonders Juristen, die sich für das islāmische Gesetz interessieren. In den Anmerkungen mußte bisweilen zur Begründung der Sätze des Textes Iǧtihād geübt werden; hoffentlich ist der Muqallid hier nicht allzuweit hinter dem Ziel zurückgeblieben.

Wie die Ausgabe des al-Ḫaṣṣāf, so hatte sich auch die Bearbeitung des al-Qazuīnī der freundlichen Unterstützung von Herrn Prof. Bergsträsser zu erfreuen: zweimal hatte er die Güte, eine Reihe von schwierigeren Stellen zu prüfen und zu begutachten[1]);

[1]) Bemerkungen von ihm sind als solche bezeichnet.

außerdem habe ich ihm für die Aufnahme der Arbeit in diese Sammlung zu danken. Wenn ich zu meiner großen Freude und Ehre seinen Namen an die Spitze dieser Schrift stellen darf, so soll das nur eine kleine Äußerung meiner Dankbarkeit sein für das rege und tatkräftige Wohlwollen, das er mir stets zugewandt hat.

Ferner habe ich Herrn Geheimrat Wiedemann für seine freundlichst erteilten Auskünfte über IV 13f. auch hier meinen ergebensten Dank auszusprechen, sowie der Preußischen Staatsbibliothek zu Berlin für die Überlassung der Handschrift auf längere Zeit und Herrn Assessor Martin David in Berlin für das Lesen einer Korrektur aufrichtigst zu danken, nicht minder endlich dem Verleger, Herrn H. Lafaire, durch dessen Liberalität sich das äußere Gewand des al-Qazuīnī von dem des al-Ḫaṣṣāf vorteilhaft unterscheidet.

Den beiden bisher edierten ḥiial-Büchern soll sich noch eine Ausgabe des kitāb al-maḫāriǧ fil-ḥiial des Muḥammad ibn al-Ḥasan aš-Saibānī anschließen, dessen Übersetzung mit der des al-Ḫaṣṣāf vereinigt werden wird.

Leipzig, November 1924. **Joseph Schacht.**

Einleitung.

§ 1. Die Handschrift.

Die einzige bekannte Handschrift, die das hier herausgegebene Werk enthält (Preußische Staatsbibliothek zu Berlin, Sammlung Sprenger Nr. 1954), ist bei W. Ahlwardt, Verzeichnis der arabischen Handschriften der Königlichen Bibliothek zu Berlin IV (1892) Nr. 4974 beschrieben. Zu dieser Beschreibung sind nur wenige Zusätze zu machen. Der Zustand des Kodex ist in der Tat stellenweise sehr schlecht; eine ganze Anzahl von Seiten steht beinahe auf der Grenze der Lesbarkeit; die Tinte hat sich durch das geringe Papier, das im ersten Drittel besonders minderwertig ist, zuweilen ganz durchgefressen. Das kitāb al-ḥiḭal fil-fiqh gehört zu den noch am besten erhaltenen Teilen des Sammelbandes. Die Handschrift ist im Sommer 1923 einer sehr nötigen vollständigen Restaurierung unterzogen worden.

Der Schreiber, mir sonst unbekannt, nennt sich fol. 25a 19 al-faqīr ʿAbd al-Qādir ibn Muḥammad ibn ʿUmar ibn Muḥammad al-ʿĀliḭa aš-šahīr bil-qaḥf, fol. 61a 3ff. afqar al-ʿibād ilallāh taʿālā ʿAbd al-Qādir ibn Muḥammad ibn ʿUmar ibn Muḥammad al-qaḥf mu'addib al-aṭfāl, fol. 126a 12f. afqar al-ʿibād ilā raḥmat rabbihī ʿAbd al-Qādir ibn Muḥammad ibn ʿUmar al-qaḥf (cf. nach VI 20). Nach fol. 126a 14f. (cf. ebd.) beendete er die Abschrift des kitāb al-ḥiḭal fil-fiqh am jaum al-arbiʿā' fī šahr ṣafar min sanat alf wami'a wa'arbaʿīn minal-hiǧra; nun fielen auf einen Mittwoch der 7. 14. 21. 28. ṣafar 1140 = 24. September und 1. 8. 15. Oktober 1727; an einem dieser Tage ist also die Abschrift vollendet worden.

Die Schrift ist nicht besonders schön, wohl aber charakteristisch. Da die Zeilen verhältnismäßig eng sind, hat der Schreiber die diakritischen Punkte oft zu weit von den Schriftzügen abgerückt, hat sie dann näher herangesetzt und die zuerst gesetzten durch einen schrägen Strich oder ein Häkchen getilgt; jener stellt nun ein Fatḥa oder Kasra dar, dessen genaue Zuweisung natürlich meist unmöglich ist, dieses ein eindeutiges Ḍamma, das aber von einem Strich oft kaum unterschieden werden kann. In derselben Weise werden auch zu weit seitlich gesetzte Punkte verbessert.

§ 2. Wiedergabe der Handschrift.

Abweichungen vom Konsonantentext der Handschrift sind mit Ausnahme von Fehlern, die die Träger des Hamza betreffen, orthographischen Abweichungen und — im allgemeinen — Selbstverbesserungen im Apparat kenntlich gemacht; die am Ende von § 1 erwähnten Pseudo-Vokalzeichen wurden überhaupt nicht berücksichtigt, andere bisweilen auftretende Vokalzeichen nur dann, wenn eine besondere Veranlassung vorlag. Im übrigen wurden diakritische Zeichen und Vokale nach Bedürfnis, aber in solchen Fällen möglichst konsequent gesetzt.

§ 3. Vorlage der Handschrift.

Näheres über eine Vorlage der Handschrift, mittelbare oder unmittelbare, läßt sich aus V 78—95 erschließen. Der Kodex bietet diese Paragraphen in folgender Reihenfolge: 78. 88b—93. 79—88a. 94. 95. Daß sie aber so anzuordnen sind, wie aus meiner Zählung hervorgeht, ergibt sich aus dem Zusammenhange zwischen 78 und 79 und zwischen 93 und 94. Man beachte, daß die große Verderbnis Anfang 84 in der Mitte zwischen 79 und 88a liegt und daß außerdem 88b—93 etwa halb so lang ist wie 79—88a. All das findet durch folgende Annahme seine einfachste Erklärung: das Blatt, das auf seiner Vorderseite 79—84 und auf seiner Rückseite 84—88a enthielt, war am unteren Rande lädiert (daher die Korruptelen 84 und 88a) und außerdem lose, wurde daher versehentlich ausgelassen und erst nach der Vorderseite des folgenden Blattes, die 88b—93 enthielt, nachgetragen; so ist 88b—93 ganz genau der Inhalt einer Seite jener Handschrift (79—88a ist wegen der Läsur Anfang 84 etwas kürzer als das Doppelte)[1]). Daß die Verderbnis bei 100 ungefähr wieder beim Übergang zu einem

[1]) Es ist kaum anzunehmen, daß 79—83 auf der Rückseite eines Blattes und 84—88a auf der Vorderseite des folgenden Blattes standen, durch Überblättern überschlagen und erst nach der 88b—93 enthaltenden Rückseite des zweiten Blattes nachgetragen wurden. Dann bleiben die Defekte bei 84 und 88a unerklärt, es sei denn, daß beide Blätter unten beschädigt waren; dann müßten aber doch wohl auch am Ende der Vorderseite des ersten (etwa am Ende von 73) und der Rückseite des zweiten (bei 93) mechanische Defekte vorliegen, während diese Stellen ganz intakt sind.

neuen Blatte liegt, ist wohl nur Zufall, zumal da keineswegs feststeht, daß sie durch mechanischen Defekt entstanden ist. Es ist nicht ausgeschlossen, daß dieser Defekt auf die unmittelbare Vorlage unserer Handschrift zurückgeht; wahrscheinlicher ist mir allerdings, daß er einer mittelbaren Vorlage angehört. Jedenfalls ist die Handschrift nicht unmittelbar vom Autograph des Verfassers kopiert (cf. nur die Zusätze II 8; IV 16; V 65. 98; VI 17 und die nicht seltenen Auslassungen; jene gehen sicher nicht auf unsern Schreiber zurück, diese höchstwahrscheinlich ebenfalls nicht; dazu kommt noch eine Menge von einzelnen Verderbnissen, die in ihrer Gesamtheit nicht erst unserm Kodex angehören können).

§ 4. Textzustand.

Der Zustand des Textes ist als gut zu bezeichnen. Einzelne Fehler sind zwar recht zahlreich, lassen sich aber meist leicht verbessern. Abgesehen von den Auslassungen sind tiefer liegende Korruptelen sehr selten. Die wenigen am Ende von § 3 erwähnten Zusätze sind ganz vereinzelt und stellen keine eigene Rezension dar.

§ 5. Autor.

Als Verfasser der vorliegenden Schrift tritt uns abū Ḥātim Maḥmūd ibn al-Ḥasan ibn Muḥammad ibn Ịūsuf ibn al-Ḥasan ibn Muḥammad ibn ʿIkrima ibn Anas ibn Mālik al-Anṣārī aṭ-Ṭabarī al-Qazụīnī (st. 440 oder nicht lange vor 460) entgegen, für den auf Brockelmann I 386 nr. 3, Wüstenfeld III nr. 371; tāǧ ad-dīn ibn as-Subkī, ṭabaqāt aš-šāfiʿīịa al-kubrā (Kairo, 1. Druck) Band 4 S. 12 (wo auch eine Tradition von ihm und zwei Stellen aus seinem taǧrīd at-taǧrīd angeführt werden) verwiesen sei. Weitere Werke von ihm sind nicht erhalten. An der Echtheit unserer Schrift ist nicht zu zweifeln. Al-Isnaụī (st. 772 oder 777) besaß ein Exemplar von ihr (Wüstenfeld I S. 21), und auch Ḥāǧǧi Ḫalfa erwähnt sie III 120 (٤٩٥٨).

§ 6. Quellen. Verhältnis zur ḥanafitischen ḥiịal-Literatur.

Die Schrift des al-Qazụīnī ist zwar das einzige erhaltene šāfiʿitische ḥiịal-Buch, hatte aber Vorgänger in den Schriften des abū Bakr Muḥammad ibn ʿAbdallāh, bekannt als ibn aṣ-Ṣaịrafī (st. 330; cf. Wüstenfeld II nr. 108; Samʿānī fol. 358b 13; Fihrist 213, 21) und des abul-Ḥasan Muḥammad ibn Ịaḥịā ibn Surāqa al-ʿĀmirī[1])

---

[1]) ʾÂminí bei Wüstenfeld ist Druckfehler (das ʿAịn umschreibt Wüstenfeld stets mit ʾ); cf. ibn as-Subkī ebd. Band 3 S. 86.

al-Basrī (st. vor 410 [Ḥāǧǧi Ḫalfa V 460: im Jahre 410]; Wüstenfeld III nr. 292)[1]) über denselben Gegenstand, und es ist sicher, daß al-Qazuīnī sie stark benutzt hat, obwohl er sie kein einziges Mal zitiert. Wie sehr er auch sonst auf den Werken anderer fußt, kann man IV 22. 32. 38. 39. 83; V 9 erkennen, und die wenigen Zitate geben ein bei weitem nicht ausreichendes Bild dieser Abhängigkeit. Namentlich alle im engeren Sinne „juristischen" Kniffe (cf. § 7) sind ja nichts anderes als bereits erörterte Spezialfälle, die hier nur gesammelt und unter einen Gesichtspunkt (den des Kniffes) gebracht werden, und hierin haben ja die Vorgänger sicher vorgearbeitet. So wird man eigenes Gut des al-Qazuīnī fast nur bei den „faktischen" Kniffen (cf. § 7) suchen dürfen, und auch hier ersehen wir z. B. aus Wüstenfeld II Nr. 71 (cf. unten) = IV 6, daß die Entscheidungen älterer Juristen verarbeitet sind. Die Behandlung der ḥiial ex professo setzt auf seiten der Šāfiʿiten allerdings erst mit ibn aṣ-Ṣairafī ein.

Das ist auch nicht verwunderlich, denn aš-Šāfiʿī und ursprünglich auch seine Schule waren scharfe Gegner der ḥiial, wie sie besonders auf ḥanafitischer Seite gepflegt wurden. Ein kitāb al-

---

1) Einige Unordnung herrscht im Index zu Ḥāǧǧi Ḫalfa: dieser erwähnt an mehreren Stellen einen ibn Surāqa, bezeichnet ihn aber genauer nur V 460, wo er von seinem Kommentar zum muḫtaṣar des al-Muzanī (fehlt bei Wüstenfeld) spricht; außerdem nennt ihn eine Glosse des Kodex B zu II 418 ausführlicher, wo von seinem talqīn die Rede ist; im Index nun sind bei unserer Persönlichkeit nur diese beiden Stellen angeführt, und alle andern unter dem Namen des abū Bakr Muḥammad ibn Muḥammad ibn Ibrāhīm al-Anṣārī aš-Šāṭibī, der ebenfalls ibn Surāqa genannt wird (st. 662), auf Grund einer Glosse in BOP zu I 219; aber gerade das dort behandelte adab aš-šuhūd gehört sicher dem Muḥammad ibn Iaḥiā (sodaß sich die Glosse als irrig herausstellt), ebenso auch die einfach dem ibn Surāqa zugeschriebenen Werke über ḥiial (III 120), aʿdād (V 46) und mā lā jasaʿ usw. (V 355); so sehe ich auch keine Veranlassung, den iʿǧāz al-qurʾān min ḥaiṯ al-aʿdād (I 351) und den al-kāfī fil-farāʾiḍ (V 22), der übrigens Kommentare sowohl von šafiʿitischer wie von ḥanafitischer Seite gefunden hat, dem Muḥammad ibn Iaḥiā abzusprechen; da in äußerst verdächtiger Weise jenes Werk seiner Schrift fil-aʿdād (zu der Wüstenfeld, über Ḥāǧǧi Ḫalfa hinausgehend, noch bemerkt: über die im Corân vorkommenden Zahlen), dieses seinem „Kitāb el-schâfiʾ [Druckfehler] Liber sanans de jure hereditario, testamentis et legatis revertentibus" (Wüstenfeld) so ähnlich sieht, nehme ich keinen Anstand, die entsprechenden Werke miteinander zu identifizieren; von Muḥammad ibn Muḥammad ibn Ibrāhīm wird ja auch in der erwähnten Glosse nur gesagt: lahū muʾallafāt fit-taṣauuf, und weitere Schriften von ihm sind mir auch nicht bekannt.

ḥijal von aš-Šāfiʿī oder einem Vertreter seiner Schule in den ersten Generationen wäre undenkbar; vielmehr finden wir lebhafte Polemik gegen die ḥanafitischen Rechtskniffbücher. Das Auftreten der šāfiʿitischen ḥijal-Bücher in einer späteren Periode ihres maḏhab stellt etwas ganz Neues und Unvermitteltes dar, muß aber doch erklärt werden. Ich glaube nun, daß diese šāfiʿitische ḥijal-Literatur ein Konkurrenzunternehmen zu den berühmten ḥanafitischen Werken über diesen Gegenstand darstellt. Nachdem der Kampf der Schulen gegeneinander abgeebbt war, konnte man auch auf šāfiʿitischer Seite wagen, diesen Gegenstand zu behandeln und zu versuchen, den ḥanafitischen Werken im eigenen maḏhab etwas Ähnliches an die Seite zu stellen. So wird auch die aus einer etwas früheren Zeit stammende, auf aš-Šāfiʿī zurückgeführte Tradition Wüstenfeld II nr. 71 nichts anderes als ein Versuch sein, auch den Scharfsinn aš-Šāfiʿīs neben dem unvergänglichen Ruhme abū Ḥanīfas auf diesem Gebiete (J. Goldziher, Vorlesungen über den Islam [1910] 69) zur Geltung kommen zu lassen, um so eher, als ebendieser Kniff, der sich ohne nähere Angabe IV 6 findet, auch bei al-Ḫaṣṣāf 59, 8f. näher ausgeführt vorliegt.

Es ist jedoch zu betonen, daß die šāfiʿitische ḥijal-Literatur von der ḥanafitischen nur in ihrer Entstehung abhängig ist, in der Ausführung hingegen als Konkurrenzunternehmen ganz selbständig vorgeht. Schon das erste Kapitel mit der Gliederung der Kniffe in verbotene, mißbilligte und erlaubte wird man in einem ḥanafitischen ḥijal-Buch vergebens suchen; selten genug tritt dieser Gesichtspunkt hier bei der Behandlung einzelner Fragen hervor, wird aber nie wie bei al-Qazuînī der Gliederung des Stoffes zugrunde gelegt (cf. aber § 7). Sehr lehrreich ist ein Vergleich der zweiten Hälfte von al-Ḫaṣṣāfs Kapitel 1 (noch nicht ediert), das ebendiese Fragen behandelt, mit dem ersten Kapitel des al-Qazuînī: beim Ḥanafiten liegt der Hauptnachdruck auf der Betonung der Rechtsgültigkeit der Kniffe in allen Fällen, beim Šāfiʿiten auf ihrem Verbot, wenn sie verboten oder mißbilligt sind. Hier scheint der alte Standpunkt aš-Šāfiʿīs und seiner Schule noch nachzuwirken.

Neben diesem latenten Antagonismus wird auch das durch die Vorschrift des taqlīd innerhalb des maḏhab bedingte selbständige Nebeneinanderherlaufen und die Sonderentwicklung der Literaturen der einzelnen maḏāhib schuld daran sein, daß sich so wenige Berührungen zwischen al-Qazuînī und al-Ḫaṣṣāf finden, über deren wichtigste die Anmerkungen Auskunft geben; und selbst bei den wenigen gemeinsamen Fragen, deren Ausführungen bei beiden Juristen übrigens in der Regel voneinander stark abweichen, handelt es sich wohl nicht um direkte oder mittelbare Benutzung, sondern um gleichartige Lösungen von Fällen, die in beiden Schulen unabhängig voneinander behandelt wurden. Natürlich soll die Möglichkeit der einen oder andern Beeinflussung hiermit nicht geleugnet werden.

Eine weitere Verschiedenheit der šāfiʿitischen ḥiyal von den ḥanafitischen ist folgende: die ḥanafitischen ḥiyal sind im wesentlichen praktisch, die šāfiʿitischen nicht. Um dem Gläubigen die Befolgung der Vorschriften der šarīʿa möglichst zu erleichtern, um die Fälle offener Übertretung des Gesetzes auf Grund der Zwangslage möglichst einzuschränken, sind die ḥanafitischen Kniffe erdacht; sie bestreben sich, Theorie und Praxis, Ideal und Wirklichkeit zu versöhnen, und lassen sich gleich am Beginn des maḏhab, vielleicht sogar schon vor ihm, nachweisen. Die šāfiʿitischen ḥiyal dagegen sind eine späte, künstliche Schöpfung ohne praktische Bedeutung, wie sich schon bei flüchtiger Musterung des vorliegenden Buches zeigt, wie man auch daraus ersehen mag, daß hier geradezu die Auflösung des Begriffes der ḥīla als Rechtskniff vorliegt (cf. § 7).

Natürlich fehlt es auch bei den Ḥanafiten nicht an Kniffen, die nie praktisch angewendet worden sein können, die nur den Scharfsinn ihrer Erfinder zeigen sollen (hiermit steht es ähnlich wie mit den Fatwās; cf. Snouck Hurgronje 421—423), und es gibt auch unter den šāfiʿitischen solche, die Rückschlüsse auf die Praxis gestatten (cf. § 7). Der allgemeine Charakter aber, wie er sich besonders aus einer Vergleichung von al-Qazwīnī mit al-Ḫaṣṣāf ergibt, ist der angegebene.

Das in diesem Paragraphen Ausgeführte kann nur als kurze Zusammenfassung der Tatsachen, die für eine Einleitung in al-Qazwīnī in Betracht kommen, gelten; alle diese Verhältnisse gedenke ich in größerem Zusammenhange zu behandeln.

Über die Beziehungen des kitāb al-ḥiyal fil-fiqh zu der furūq-Literatur handele ich an anderm Orte.

§ 7. Aufbau des Buches. Hauptarten der Kniffe.

Die erhaltenen ḥanafitischen Rechtskniffbücher sind in sachlich bedingte Kapitel eingeteilt, das kitāb al-ḥiyal des al-Qazwīnī aber zerfällt, wie schon § 6 angedeutet, nach einem einleitenden Abschnitt in drei Kapitel, die die verbotenen, mißbilligten und erlaubten

Kniffe behandeln[1]); daran schließt sich ein Kapitel, das längste im Buche, das Kniffe aus allen drei Arten enthält, und ein letztes mit Kniffen, die mit der Fragestellung zusammenhängen. Diese ḥijal im letzten Kapitel können nicht mehr als das gelten, was wir unter Rechtskniffen verstehen: es sind juristische Feinheiten, die garnicht zur Erreichung eines besonderen Zweckes dienen sollen und können, und am Ende Beantwortungen schwierigerer Fragen aus dem Gebiete des Erbrechts. Auch sonst finden wir nicht selten den Begriff der ḥīla ganz in den Hintergrund gedrängt: „das Ganze macht den Eindruck geringerer dialektischer Schärfe und geringerer Ausgeprägtheit des Charakteristischen als al-Ḫaṣṣāf: die ḥīla wird oft fast aus den Augen verloren, und es bleibt bei einer Erörterung sachlich schwieriger fiqh-Punkte oder aber (der ḥīla näher stehend) solcher, bei denen ein Formfehler leicht Unheil stiften kann“ (Prof. Bergsträsser). Die Rechtskniffe, die diesen Namen verdienen, zerfallen in zwei Haupttypen: „juristische“ im engeren Sinne und „faktische“, wie ich sie nennen möchte. Unter jenen sind in Wirklichkeit vorgenommene oder nur fingierte Rechtsgeschäfte zu verstehen, die dazu bestimmt sind, gewisse Rechtswirkungen zu erzielen oder zu verhindern oder gesetzliche Bestimmungen auf einen Tatbestand anwendbar werden zu lassen oder nicht, z. B. II 11, 12; IV 3, unter diesen faktisch ausgeführte Handlungen, die zunächst keinen juristischen Inhalt haben, aber infolge ihrer Eigentümlichkeit eine von einer andern Handlung herrührende Rechtsfolge hinsichtlich ihres Eintritts oder eine gesetzliche Bestimmung hinsichtlich ihrer Anwendbarkeit in irgendeiner Weise modifizieren, z. B. II 9; IV 5; V 31. Natürlich gibt es Übergänge zwischen beiden Gruppen, aber das sind doch die beiden Haupttypen, die klar heraustreten. Die faktischen Kniffe gehen bisweilen in physikalische über, so IV 13f.; V 110. Eine sehr bedeutsame Rolle spielt in den juristischen Kniffen der iqrār, die Erklärung, über die einige Worte zu II 3 gesagt sind, auf die ich aber hier noch besonders hinweisen möchte. Das durch die Kniffe zu erreichende Ziel ist meist der Nutzen des Betreffenden; selten spielt das Billigkeitsmoment herein, z. B. III 4. Die strenge Absonderung der Eidkniffe von den andern, die in der ḥanafitischen ḥijal-Literatur als ursprünglicher Zug mit Recht so stark hervor-

[1]) Die Einordnung der Kniffe ist nicht immer ganz konsequent; so stehen unter den erlaubten solche, die sicher zu den verbotenen gehören, wie IV 32. 84. 85.

tritt, ist hier ganz aufgegeben. Über den praktischen Wert der Kniffe ist in § 6 das Nötigste bemerkt; hier sei auf Folgendes aus der spärlichen Ausbeute dessen, was sich über die Praxis erschließen läßt, aufmerksam gemacht: das kitāb al-ḥiỵal des al-Qazụīnī setzt ebenso wie das des al-Ḫaṣṣāf voraus, daß Handelsgeschäfte, selbst bedeutende, oft ohne Sicherstellung durch Zeugen oder Schriftstücke auf Treu und Glauben abgeschlossen werden (cf. z. B. V. 82f. und v. Maltzan, Reise nach Südarabien [1873] 22); das schriftliche Beweisverfahren ist gegenüber dem reinen Zeugenbeweis die Regel (IV 83; cf. R. Grasshoff, die suftaǵa und ḥawâla der Araber, Diss. Königsberg [1899] 31), und wir lernen einige Urkundenformeln kennen (V 18f.); endlich erfahren wir aus II 14 etwas über die Auferlegung des Eides.

Innerhalb der einzelnen Kapitel sind die Kniffe ohne ein erkennbares System angeordnet, meistens allerdings so, daß Verwandtes nebeneinander steht, wobei aber auch Zusammengehöriges oft getrennt ist.

§ 8. Einrichtung der Arbeit. Abkürzungen.

Die Übersetzung soll ebenso wie die Übersetzungsprobe in meiner Ausgabe des al-Ḫaṣṣāf den Sinn möglichst genau wiedergeben, ohne sich vom Wortlaut des Textes grundlos zu entfernen. Durch den Sinn gebotene Ergänzungen wurden ohne besondere Kenntlichmachung eingefügt.

Die Anmerkungen sollen die juristische Bedeutung der einzelnen Fragen klarlegen, Schwierigkeiten kurz erläutern, auf wichtigere Parallelstellen innerhalb des Textes selbst und bei al-Ḫaṣṣāf hinweisen und endlich Belege für verschiedene Sätze des fiqh, die bei al-Qazụīnī angewandt werden, bieten. Hierbei habe ich mich in erster Linie an die Werke von Juynboll und Sachau gehalten, die im übrigen vorausgesetzt wurden und auf die für alles hier nicht Erörterte verwiesen sei.

In Einleitung und Anmerkungen wurden folgende Werke abgekürzt zitiert:

van den Berg: de contractu „do ut des“ iure mohammedano. Leiden 1868.

Brockelmann: Geschichte der arabischen Litteratur I 1898, II 1902.

Dimašqī: ṣadr ad-dīn abū ʿAbdallāh Muḥammad ibn ʿAbdarraḥmān, kitāb raḥmat al-umma fiḫtilāf al-aʾimma, am Rande von aš-Šaʿrānī, kitāb al-mīzān al kubrā (Kairo 1302).

Dimitroff: Asch-Schaibānī (Mitteilungen des Seminars für Orientalische Sprachen XI [1908] 2. Abt. 60ff.).
Fihrist: kitâb al-fihrist herausg. von Gustav Flügel, 1871. 1872.
Ġazālī: abū Ḥāmid Muḥammad ibn Muḥammad, kitāb al-waǧīz fī fiqh maḏhab al-imām aš-Šāfiʿī, Kairo 1317.
Ḥāǧǧi Ḫalfa: Lexicon ... a ... Haji Khalfa ... compositum ed. G. Flügel 1835—58.
Ḫaṣṣāf: das Kitāb al-ḥiḭal ṷal-maḫāriǧ des ... al-Ḫaṣṣāf herausg. von Joseph Schacht, Hannover 1923 (dieser Sammlung Heft 4).
Jus Shafiiticum: At-Tanbîh auctore Abu Ishâk as-Shîrâzî quem ... edidit A. W. T. Juynboll, 1879.
Juynboll: Handbuch des islāmischen Gesetzes von Th. W. Juynboll, 1910.
Sachau: Muhammedanisches Recht nach schafiitischer Lehre, 1897.
Samʿānī: The Kitāb al-Ansāb of ... al-Samʿānī (E. J. W. Gibb Memorial Series XX), 1912.
Snouck Hurgronje: C. Snouck Hurgronje, Verspreide Geschriften II 1923.
Wüstenfeld: Der Imâm el-Schâfiʿî, seine Schüler und Anhänger, 3 Teile (Abh. d. Ges. d. Wiss. zu Göttingen 36 [1890], 37 [1891]).

< > zeigt in der Übersetzung eine Ergänzung des lückenhaften Textes an. Alle Lücken im Texte sind aus inhaltlichen Gründen angesetzt; die Handschrift weist keine auf.

Übersetzung.

Buch der Rechtskniffe

vom

gelehrten und hochgelehrten Šaiḫ und Imām abū Ḥātim Maḥmūd ibn al-Ḥasan al-Qazu̯īnī

(Allāh nütze uns durch seine Kenntnisse. Amen).

I 1 Im Namen Allāhs, des barmherzigen Erbarmers. Herr, gib Glück und Hilfe, du Gütiger; du bist ja unser Genüge und ein guter Sachwalter; und es gibt Stärke und Kraft nur bei Allāh, dem erhabenen und gewaltigen. — Folgendermaßen spricht der Šaiḫ und Imām abū Ḥātim Maḥmūd ibn al-Ḥasan al-Qazu̯īnī: es gibt drei Arten von Kniffen: verbotene, mißbilligte und erlaubte;
I 2 auf die verbotenen darf der Rechtsgelehrte die Allgemeinheit nicht hinweisen; er darf sie jedoch den Rechtsgelehrten mitteilen, damit sie sie in das Fiqh eingliedern, und muß sie beurteilen können, wenn sie vorkommen; was die mißbilligten anlangt, so wird es ihm mißbilligt, wenn er einen andern auf sie hinweist; die erlaubten muß er, wenn er danach gefragt wird, mitteilen und ist verpflichtet, sie kundzutun;
I 3 ich werde nun jede Gattung erläutern, damit man ihr Wesen erkenne und diese Darstellung ein treuer Führer sei zur Kenntnis ihrer Anwendungen und der ihr gleichartigen Fälle, Allāh preisend und den Segenswunsch aussprechend über den Sendboten Allāhs (Allāh segne ihn und gebe ihm Heil).

II 1 **Kapitel, in dem die verbotenen Kniffe erläutert werden.** Folgendermaßen spricht der Šaiḫ und Imām: gesetzt der Gatte einer Frau ist abwesend, sei es daß er ihr den zu ihrem Unterhalt notwendigen Betrag zurückgelassen hat oder nicht, während der Richter in jener Stadt nicht auf Trennung zwischen den

Ehegatten wegen Unfähigkeit des Mannes, den Unterhalt aufzubringen, erkennen will, oder der Gatte ist anwesend, die Frau aber will mit ihm nicht zusammenleben: wenn sie in diesem Falle nach der Kohabitation vom Islām abfällt, man mit ihr wartet, bis ihre Wartezeit zu Ende ist, und sie dann erst den Islām wieder annimmt, wird sie nicht getötet, weil sie zum Islām zurückgekehrt ist, und die Ehe wird mit dem Ablauf der Wartezeit nichtig;

II 2 falls sie aber noch vor der Kohabitation steht, dann wird, wenn sie diesen Kniff anwendet und abfällt, die Ehe sofort nichtig; wenn sie dann zum Islām zurückkehrt, wird sie nicht getötet, und die Ehe wird nicht wieder gültig.

II 3 Gesetzt um eine Jungfrau freit jemand, der ihr ebenbürtig ist, während sie Abneigung gegen ihn empfindet, und sie fürchtet, ihr Vater oder ihr Großvater könnte sie mit ihm verheiraten; nun wendet sie einen Kniff an und sagt: „dieser Freier ist mein Milchbruder“; dann kann der Vater oder Großvater sie nicht gültigerweise mit ihm verheiraten;

II 4 ebenso steht es in folgendem Fall: eine Sklavin fürchtet, ihr Herr könnte sie ohne ihre Einwilligung mit einem bestimmten Mann verheiraten; nun wendet sie diesen Kniff an und sagt: „er ist mein Milchbruder“; dann kann er sie mit ihm nicht gültigerweise verheiraten.

II 5 Gesetzt der Beweis ist erbracht, daß jemand soviel gestohlen hat, daß ihm daraufhin die Hand abgehauen werden muß, und ich bin im Begriffe, den Ḥadd an ihm vollziehen zu lassen; da sagt er: „was ich gestohlen haben soll, gehörte mir“ oder „das Haus, das ich bei Ausführung des Diebstahls betreten habe, ist mein Haus“ oder „der Mann, der diesen Anspruch erhebt, ist mein Sklave“: dann darf der Ḥadd an ihm nicht vollzogen werden.

II 6 Gesetzt jemand hat einen Gegenstand in seiner Gewalt, den er einem andern usurpiert hat; nun fällt es dem Usurpator ein zu leugnen, und sein Gegner will ihn schwören lassen; der Usurpator aber wendet einen Kniff an und sagt: „der Gegenstand gehört meinem kleinen Sohne“; dann braucht er nicht zu schwören, obgleich dies sein Verfahren verboten ist;

II 7 gesetzt aber er sagt: „schwöre du, daß du mich in diesem Prozeß vor dem Richter noch nicht hast schwören lassen“, so ist diese Einrede gültig und die Pflicht, zu schwören oder den Eid abzulehnen, liegt weiter auf ihm; zuvor jedoch hat der Gegner zu schwören oder den Eid abzulehnen.

II 8 Gesetzt jemand verwundet einen andern und fürchtet, der Verwundete könnte sterben und dann der Qiṣāṣ an ihm vollzogen werden, wendet aber einen Kniff an und legt ihm etwas Scharfes unter, sodaß er darauf fällt und sich zu Tode verwundet, oder hetzt einen Hund oder ein wildes Tier auf ihn, sodaß es ihn zerreißt, so darf der Qiṣāṣ an ihm nach der richtigeren der beiden Ansichten der Schule nicht ausgeführt werden.

II 9 Gesetzt jemand tötet die Mutter seiner Gattin, die infolgedessen den Qiṣāṣ an ihm zu fordern hat, da die Getötete keine ʿAṣaba hat; nun wendet er einen Kniff an und tötet auch noch seine Gattin, von der er ein Kind hat; dann verfällt die Forderung des Qiṣāṣ an ihm für die erste Getötete und tritt für die zweite überhaupt nicht ein.

II 10 Gesetzt es wird jemand krank, der das Erbrecht seiner Frau vereiteln will, während der Richter des Landes zu denen gehört, die auf Erbrecht der in der Krankheit endgültig Geschiedenen erkennen; nun wendet er einen Kniff an und sagt: „ich habe sie dreimal geschieden, als ich noch gesund war“; dann erbt sie von ihm bei seinem Tode nicht.

II 11 Gesetzt der Beweis wird erbracht, daß etwas Zakātpflichtiges, das den vollen Niṣāb wert ist, von jemand ein volles Jahr lang innegehabt wurde, während der Inhaber sich der Zakāt entziehen will und zu diesem Zwecke einen Kniff anwendet und sagt: „ich habe es verkauft und dann zurückgekauft“: in diesem Fall entscheidet seine Aussage; gesetzt andererseits es gehört zu den zakātpflichtigen Kaufmannswaren und es steht vom Inhaber fest, daß er damit Handel getrieben hat: wenn er in diesem Falle sagt: „ich habe zu einem Zeitpunkt des Jahres den Entschluß gefaßt, es in mein Privateigentum zu übernehmen“, entscheidet seine Aussage ebenfalls und die Zakāt wird dafür nicht genommen.

II 12 Wenn ein Mann während des Fastens im Monat Ramaḍān die Kohabitation auszuüben wünscht, aber weiß, daß er, wenn er sie ausübt, die Kaffāra leisten muß, und deshalb einen Kniff anwendet und entweder die Nīja zu fasten aufhebt oder die Nīja auf Ungültigmachung des Fastens richtet oder ißt und dann die Kohabitation ausübt, so braucht er die Kaffāra nicht zu leisten.

II 13 Gesetzt ein Muḥrim hält für sicher, daß er zum Ḥaǧǧ zu spät kommen wird .... und er ist nach der richtigeren der beiden Ansichten der Schule verpflichtet, den Ḥaǧǧ nachzuholen.

II 14 Gesetzt A ist dem B etwas schuldig und der Gläubiger B ernennt einen Bevollmächtigten C, der die Forderung von A eintreiben soll, und C führt den A in dieser Sache vor Gericht; wenn A in diesem Falle einen Kniff anwendet und den Gläubiger B vor seine (des A) Zeugen führt, sich so B gegenüber sichert und ihm den Betrag der Schuld übergibt, in seinem Innern aber ihn zurückzufordern beabsichtigt und dann vor dem Richter dem Bevollmächtigten C gegenüber schwört, daß er seinem Mandanten B nichts schuldig sei, begeht er keinen Meineid (und ebenso steht es, wenn der Eid auf Ehescheidung lautet), selbst wenn er den Betrag der Schuld später von B zurückfordert, und Allāh — er ist erhaben — weiß das Rechte am besten.

III 1 **Kapitel, in dem die mißbilligten Kniffe erläutert werden.**
Gesetzt ein Tag oder noch weniger fehlt daran, daß jemand sein Vermögen ein Jahr lang zu Eigentum gehabt hat, sodaß er dann zur Zahlung der Zakāt verpflichtet wäre; nun wendet der Eigentümer einen Kniff an und schenkt es seinem kleinen Sohne, fordert es dann aber zurück: dann braucht er die Zakāt nicht zu zahlen, und ebenso steht es, wenn er es seinem erwachsenen Sohne schenkt, sei es daß er das zum erstenmal tut oder ebenso nach jedem Jahre verfährt;

III 2 gesetzt aber es sind zakātpflichtige Kaufmannswaren und der Eigentümer faßt vor Ablauf des Jahres den Entschluß, sie in sein Privateigentum zu übernehmen, so braucht er keine Zakāt zu zahlen.

III 3 Gesetzt es wird vor dem Richter bewiesen, daß jemand einem andern Geld schuldig ist, und ich will ihn schwören lassen, daß er kein Geld habe; wenn er in diesem Falle sein Geld seinem kleinen Sohne schenkt, während ich ihn schwören lassen will, und dann schwört, daß er kein Geld habe, schwört er keinen Meineid, wenn er es auch danach zurückfordert; und ebenso steht es, wenn er es zur Bezahlung einer Schuld seiner Frau ausgibt und dann schwört.

III 4 Gesetzt jemand weiß, daß zwei Zeugen zu seinen Lasten ein Zeugnis über eine Verpflichtung ablegen wollen oder zu seinen Lasten ein Zeugnis ablegen wollen, das sie wirklich über eine Verpflichtung seinerseits ablegen können, gleich als ob sie von der Erfüllung dieser Verpflichtung nichts wüßten, während doch der Schuldner seine Verpflichtung erfüllt hat; wenn er in diesem Falle einen Prozeß gegen sie anstrengt, sie vor den Richter bringt und gegen sie einen Anspruch erhebt, wird ein Zeugnis von ihnen, das ihn belastet, nicht angenommen, und Allāh — er ist erhaben — weiß das Rechte am besten.

IV 1 **Kapitel, in dem die erlaubten Kniffe erläutert werden.** Gesetzt jemand fürchtet, zum Ḥaǧǧ zu spät zu kommen, weil die Zeit drängt; dann besteht der Kniff darin, daß er einen Iḥrām annimmt, ohne ihn näher zu bestimmen; wenn er dann nach ʿArafa zurechtkommt, bestimmt er ihn für den Ḥaǧǧ, wenn er aber nicht zurechtkommt, bestimmt er ihn für die ʿUmra und braucht den Ḥaǧǧ, zu dem er zu spät kam, nicht nachzuholen; falls er ihn aber von Anfang an für den Ḥaǧǧ bestimmt hat und dann zum Ḥaǧǧ zu spät kommt, ist er verpflichtet, die beabsichtigten Ḥaǧǧ-Gebräuche auszuführen und ein Opfertier zu schlachten, weil er zu spät kam, und im nächsten Jahre den Ḥaǧǧ nachzuholen und ein weiteres Opfertier zu schlachten;

IV 2 gesetzt aber er zieht am Mīqāt vorbei, ohne den Ḥaǧǧ oder die ʿUmra zu beabsichtigen, kommt nach ʿArafa zurecht und nimmt den Iḥrām für den Ḥaǧǧ an, so kommt er eben zum Ḥaǧǧ zurecht und muß ein Opfertier schlachten.

IV 3 Der Kniff, um zu erreichen, daß jemand nicht imstande ist, die Ehescheidung auszusprechen, besteht darin, daß er zu seiner Gattin sagt: „sooft ich mich von dir scheide, bist du vorher dreimal geschieden“; danach kann für sie eine Ehescheidung auf keine Weise eintreten, eine Meinung, die ein bedeutender Teil unserer Genossen geäußert hat, weil beide Akte im Gegensatz zueinander stehen; wenn wir nämlich die Ehescheidung für sie eintreten ließen, würden wir das als Beweis dafür ansehen müssen, daß die dreifache Scheidung vorher eingetreten ist; wenn wir aber demgemäß eine dreifache Scheidung vorher eintreten lassen, kann die Ehescheidung selbst nicht mehr eintreten; wenn sie aber selbst nicht eintritt, fehlt die Voraussetzung für das Eintreten der dreifachen Scheidung vorher; daher tritt auch sie nicht ein.

IV 4 Gesetzt jemand sagt zu seiner Frau: „wenn ich dir nicht dasselbe sage, was du mir sagst, dann bist du dreimal geschieden“; nun sagt die Frau zu ihrem Gatten: „du bist dreimal geschieden“; in diesem Falle besteht der Kniff darin, daß der Mann zu seiner Gattin sagt: „du hast mir gesagt: du bist dreimal geschieden“; wenn er es auf diese Weise sagt, hat er dasselbe gesagt wie sie und ist damit der ersten, an die Bedingung geknüpften Scheidung ledig, und es tritt auch infolge dieser Worte keine Scheidung ein, weil er sie nur von ihr zitiert hat.

IV 5 Gesetzt jemand sagt zu seiner Frau: „wenn du mir nicht die Zahl der Körner dieses Granatapfels nennst, ohne ihn zu zerbrechen, bist du dreimal geschieden"; in diesem Falle besteht der Kniff darin, daß die Frau, verschiedene Zahlen nennend, immer zu der nächsthöheren aufsteigt, bis sie zu einer Zahl kommt, von der man sicher weiß, daß die Zahl der Körner sie nicht übersteigt; wenn sie so verfährt, tritt die Scheidung aus diesem Grunde nicht ein, weil sie die Zahl der Körner genannt hat, mag sie auch darüber hinausgegangen sein.

IV 6 Gesetzt eine Frau hat eine Frucht in ihrem Munde; nun sagt ihr Gatte zu ihr: „wenn du sie ißt, bist du dreimal geschieden, und wenn du sie mit der Hand ergreifst, bist du dreimal geschieden, und wenn du sie auswirfst, bist du dreimal geschieden"; in diesem Falle besteht der Kniff darin, daß sie die Hälfte ißt und die Hälfte auswirft; so tritt für sie die Scheidung nicht ein, da sie keine der drei Bedingungen erfüllt, denn seine Worte „wenn du sie ißt" usw. erfordern, daß sie das Ganze ißt oder das Ganze mit der Hand ergreift oder das Ganze auswirft, während sie doch nichts davon getan hat.

IV 7 Gesetzt eine Frau, die ein kleines Kind hat, wünscht sich wieder zu verheiraten, ohne den ihr zustehenden Anspruch auf die Pflege des Kindes zu verlieren; in diesem Falle besteht der Kniff darin, daß sie einen Onkel des Kindes väterlicherseits heiratet, damit sie den Anspruch auf die Pflege nicht verliere.

IV 8 Falls jemand sich von seiner Gattin scheidet, während ihr Kind noch klein ist, bleibt es bei der Mutter; der Kniff von seiten des Mannes, den ihr zustehenden Anspruch auf die Pflege des Kindes hinfällig zu machen und ihr Kind für sich zu reklamieren, besteht darin, daß er in ein anderes Land verzieht; dann folgt das Kind dem Vater;

IV 9 falls die Frau aber das Kind für sich reklamieren will, besteht der Kniff, um das zu erreichen, darin, daß auch sie in das Land des Mannes verzieht, und so ist sie zur Pflege des Kindes näher berechtigt als er.

V 10 Gesetzt jemand sagt zu seiner Frau: „du bist morgen dreimal geschieden"; dann besteht der Kniff, um zu erreichen, daß die dreimalige Scheidung für sie nicht eintritt, darin, daß er sie sich unter einmaliger Scheidung gegen Entgelt loskaufen läßt und sie darauf von neuem heiratet; wenn dann der folgende Tag kommt, tritt die Scheidung für sie nach der richtigeren der beiden Ansichten nicht ein, weil dazwischen eine Zeit liegt, in der keine Scheidung eintreten kann; wenn er aber wartet, bis jener Tag zu Ende ist, und sie dann erst wieder heiratet, tritt die Scheidung nach einstimmiger Ansicht nicht ein.

IV 11 Falls ein Herr seinen Sklaven für den Todesfall freiläßt, wird er nur innerhalb des Legatsdrittels frei; der Kniff, um zu erreichen, daß diese Beschränkung wegfalle, besteht darin, daß er sagt: „wenn mich meine Todeskrankheit befällt, bist du eine Stunde vorher frei"; wenn er dann stirbt, wird er frei, und man weiß, daß seine Freilassung der Todeskrankheit des Herrn vorausging; daher wird sie nicht auf das Legatsdrittel beschränkt, weil sie zur Zeit der Gesundheit und nicht der Krankheit eintritt.

IV 12 Gesetzt eine Frau steht auf einer Leiter; nun sagt ihr Gatte zu ihr: „wenn du von dieser Leiter herabsteigst, bist du dreimal geschieden, und wenn du hinaufsteigst, bist du dreimal geschieden, und wenn du dort bleibst, bist du dreimal geschieden, und wenn dich jemand von ihr herabnimmt, bist du dreimal geschieden"; in diesem Falle besteht der Kniff darin, daß man die Leiter umdreht; dann kann sie hinaufsteigen, wenn sie will, und hinabsteigen, wenn sie will; und in dem Falle, daß die Leiter auf die Erde fällt und die Frau sie dann sogleich losläßt, tritt die Scheidung ebenfalls nicht ein.

IV 13 Gesetzt eine Frau hat an ihrem Fuße einen Ring; nun sagt ihr Gatte zu ihr: „wenn du mir nicht das Gewicht dieses Ringes, den du an deinem Fuße hast, angibst, bist du geschieden"; in diesem Falle ist der Kniff folgender: sie schütte Wasser in ein Gefäß, stelle ihre Füße mit dem Ringe hinein, bezeichne die Stelle, bis zu der das Wasser reicht, schiebe den Ring an ihren Schenkel hinauf, stelle ihre Füße ohne den Ring in das Wasser, lege zu ihren Füßen etwas Eisernes hinein, bis das Wasser bis zu der Stelle reicht, zu der es reichte, als der Ring mit darin war, und wäge dann das Eisen; dann kennt sie das Gewicht des Ringes: es beträgt ebensoviel wie das Gewicht des Eisens;

IV 14 ebenso steht es, wenn er zu ihr sagt: „wenn du mir nicht das Gewicht dieses Kamels angibst, bist du dreimal geschieden": sie führe das Kamel in einen Kahn und bezeichne die Stelle, bis zu der das Ganze im Wasser eintaucht; dann führe sie das Kamel heraus und lege Gegenstände hinein, bis es ebensoweit im Wasser eintaucht wie beim ersten Male, und wäge darauf die Gegenstände; dann weiß sie, daß das Gewicht des Kamels ebensoviel beträgt.

IV 15 Gesetzt jemand verkauft Getreide für Getreide in gleichen Quantitäten und findet dann an dem, das er bekommen hat, einen

Mangel, nachdem inzwischen seit der Besitzergreifung ein weiterer Mangel hinzugekommen ist; dann kann er es nicht zurückgeben, weil der Mangel inzwischen hinzugekommen ist, und kann auch keine Entschädigung verlangen, weil das als Wucher gilt; der Kniff in diesem Falle besteht darin, daß er seinem Mitkontrahenten Getreide einhändigt, das mit demselben Mangel behaftet ist wie jenes, das er von seinem Mitkontrahenten bekommen hat, und sein eigenes Getreide von ihm zurückverlangt.

IV 16 Gesetzt A hat einen Dīnār und B einen halben Dīnār, und beide wollen in gültiger Weise ein Geschäft miteinander abschließen; in diesem Falle ist der Kniff folgender: A verkauft seinen Dīnār für irgendeinen, nicht individuell bestimmten Dīnār, nimmt dann von B einen halben Dīnār als Abschlagszahlung für seine Forderung, leiht ihn dann dem B, und B gibt ihn darauf dem A als Restzahlung für die Forderung zurück, die A für den verkauften Dīnār gegen B hatte, und bleibt noch einen halben Dīnār vom Darlehen her schuldig, das er von A genommen hat, der seinerseits den halben Dīnār von B erhalten hatte.

IV 17 Gesetzt A hat einen Dīnār, von dem ein Stück abgebrochen ist, und wünscht ihn mit Gewinn zu verkaufen; dann ist der Kniff folgender: er verkaufe den beschädigten für den Teil eines unbeschädigten, der ebensoviel wiegt, und der Käufer B schenke ihm den Rest dieses unbeschädigten Dīnārs, oder A kaufe von B für den beschädigten Dīnār etwas Silber oder Ware und verkaufe es dem B dann für den unbeschädigten, den A ihrer Verständigung gemäß bekommen soll.

IV 18 Falls zwei Leute als Kapital eines zu gründenden Kompaniegeschäftes Gegenstände hergeben wollen, ist dies Verfahren nicht gültig; der Kniff, um diese Gründung eines Kompaniegeschäftes doch gültig zu machen, ist folgender: jeder von ihnen verkaufe die Hälfte seines Gegenstandes für die Hälfte des Gegenstandes seines Mitkontrahenten ungeteilt und jeder von ihnen erlaube seinem Mitkontrahenten, auch über seinen eigenen Anteil zu verfügen; dies gilt aber nur dann, wenn der Wert beider Gegenstände gleich ist; wenn beide in ihrem Werte voneinander abweichen, etwa so, daß ein Gegenstand 2 Dirham wert ist und der andere einen Dirham, ist der Kniff, um die Gründung des Kompaniegeschäftes in einer Weise gültig zu machen, daß keiner von ihnen zu Schaden kommt, folgender: der Eigentümer des Gegenstandes, der einen Dirham wert ist, verkaufe $\frac{2}{3}$ seines Gegenstandes für $\frac{1}{3}$ des Gegenstandes seines Mitkontrahenten ungeteilt; dann sind beide Waren in ihrem gemeinsamen Eigentum im Verhältnis von 1:2, und sie teilen sich in den Gewinn im Verhältnis von 1:2, falls sie bei der Gründung des Kompaniegeschäftes nicht anders bestimmen.

IV 19 Ein Vergleich ist nichtig und ungültig, wenn der Beklagte nicht die Berechtigung des Anspruchs des Klägers anerkennt; der Kniff, um dies Verfahren gültig zu machen, ist folgender: es komme jemand und sage zu dem Kläger: „der Beklagte weiß, daß du mit deinem Anspruch recht hast, und erklärt das auch, und ich bin sein Bevollmächtigter; schließe darum mit mir einen Vergleich gegen soundsoviel ab“; wenn das, was der Beklagte in Besitz hat, etwas Bestimmtes ist, ist es zulässig; darauf prüft man den Fall; wenn sich dann herausstellt, daß er das mit Erlaubnis des Beklagten getan hat, hat er gegen ihn den Regreßanspruch auf das, was er dem Kläger übergeben hat, hat aber keinen Regreßanspruch, wenn es ohne seine Erlaubnis geschehen ist; und wenn ihn der Beklagte dazu aufgefordert und ihm Geld gegeben hat, um für ihn den Vergleich abzuschließen, ist es ebenfalls gültig.

IV 20 Falls jemand zwei Gefäße hat, in deren einem reines und in deren anderem unreines Wasser ist, ohne daß er weiß, welches unrein ist, und es unterscheiden kann, ist der Kniff, um zu erreichen, daß er die Ṣalāt nach einer Abreibung mit Sand verrichten kann, ohne sie wiederholen zu müssen, folgender: er gieße das Wasser beider Gefäße aus und verrichte dann die Ṣalāt nach einer Abreibung mit Sand oder gieße eins in das andere, reibe sich dann mit Sand ab und verrichte die Ṣalāt; so braucht er die Ṣalāt nicht zu wiederholen, während er sie wiederholen müßte, wenn er das Wasser in beiden Gefäßen so ließe und die Ṣalāt verrichtete;

IV 21 was aber den Kniff anlangt, um die Ṣalāt nach einer Waschung verrichten zu können, so ist er folgender: er wasche sich mit einer der beiden Quantitäten Wasser, gieße dann das Wasser dieses einen Gefäßes aus, wasche sich dann mit der zweiten Quantität Wasser und verrichte die Ṣalāt; so ist seine Ṣalāt nach der unter unsern Gefährten allgemein verbreiteten Ansicht gültig.

IV 22 Gesetzt jemand bevollmächtigt einen andern, ihm eine Sklavin für höchstens 10 Dīnāre zu kaufen; nun behauptet der Mandant: „ich habe dich beauftragt, eine für höchstens 10 zu kaufen, und du hast eine für 20 gekauft“, während der Mandatar behauptet: „du hast mich beauftragt, eine für höchstens 20 zu kaufen, und ich habe auch eine für 20 gekauft“: dann entscheidet die Behauptung des Mandanten, und die Sklavin fällt im forum externum dem Mandatar zu, der sie im Auftrag gekauft hat, und er ist für das Geld haftbar, hat jedoch nicht das Recht der Kohabitation mit ihr; der Kniff aber, um zu erreichen, daß ihm die Kohabitation mit ihr erlaubt wird, ist folgender: der Mandant sage zum Mandatar: „wenn ich dich beauftragt habe, eine für höchstens 20 zu kaufen, verkaufe ich sie dir hiermit für 20"; wenn er in dieser Weise verfährt und der Mandatar es annimmt, ist ihm die Kohabitation mit ihr erlaubt nach der Ansicht des al-Muzanī (Allāh erbarme sich seiner), und das ist auch die in der Schule weiter verbreitete Ansicht.

IV 23 Gesetzt ein Depositum, das jemand einem andern übergeben hat, geht beim Depositar zugrunde oder etwas geht bei einem Bevollmächtigten zugrunde und der Eigentümer hat zwei Zeugen für die Übergabe, nur hat er sie noch nicht aussagen lassen; dann ist der Kniff, um zu erreichen, daß der Depositar oder Bevollmächtigte mit gutem Gewissen schwören kann und, selbst wenn der Zeugenbeweis angetreten wird, den Wert nicht zu ersetzen braucht, folgender: er sage: „du hast von mir nichts zu beanspruchen" und beschwöre das; wenn dann der Beweis erbracht wird, daß er es in Empfang genommen hat, kann er immer noch sagen: „die Zeugen haben recht, aber das, was ich in Empfang genommen habe, ist bei mir zugrunde gegangen"; falls er hingegen sagt: „ich habe von dir nichts in Empfang genommen" und es beschwört, dann aber der Beweis erbracht wird, daß er es in Empfang genommen hat, wird er für den Wert haftbar gemacht; der Kniff aber, um selbst in diesem Falle den Kläger noch schwören lassen zu können, besteht darin, daß er sagt: „der Kläger weiß, daß es zugrunde gegangen ist"; dann muß der Kläger nach der richtigeren Ansicht der Schule das Gegenteil beschwören; wenn er aber diese Behauptung nicht erhebt, kann er ihn nicht zum Eid nötigen und wird für den Wert haftbar gemacht.

IV 24 Der Kniff, um auf Palmen befindliche Früchte zu teilen, ehe sie zu reifen angefangen haben, im Falle daß etwa zwei Leute zwei Palmen in gemeinsamem Besitz haben, die Früchte tragen, deren Reifen noch nicht begonnen hat, und sie teilen wollen, ist folgender: einer kaufe die Hälfte der beiden Palmen für die Hälfte der beiden Fruchtmengen, die sie tragen, unter der Bedingung sofortigen Schneidens, sodaß also beide Palmen dem einen gehören und beide Fruchtmengen dem andern; es bedarf aber der Bedingung sofortigen Schneidens; wenn es hingegen nach Beginn der Reife wäre, wäre es in dieser Weise ebenfalls gültig, ohne daß jedoch die Bedingung sofortigen Schneidens nötig wäre;

IV 25 auch noch ein anderes Verfahren ist gültig, das in folgendem besteht: A verkaufe die Hälfte der einen Palme an B für die Hälfte der Früchte, die die zur Hälfte verkaufte Palme trägt, und B verkaufe die Hälfte der andern Palme dem A für die Hälfte der Früchte auf dieser Palme, die dem A nun ganz zugefallen ist, sodaß also einem jeden die ganze Palme um den Preis ihrer Früchte zufällt;

IV 26 . . . . . und man sagt: dies Verfahren ist bei Früchten gültig, die noch nicht zu reifen begonnen haben; die Bedingung sofortigen Schneidens ist dabei nicht erforderlich, weil die Frucht in dieselbe Hand wie die Palme gelangt; diese Ansicht ist aber schwach, weil dies Verfahren wirklich einem Kaufe gleichsteht, und der Kauf von Früchten vor Beginn des Reifens ist nur unter der Bedingung sofortigen Schneidens zulässig; anders liegt die Sache, wenn die Früchte zusammen mit den Palmen verkauft werden, weil sie dann ihrem Grundstock, nämlich der Palme, folgen, und deshalb brauchen sie auch beim Abschluß eines solchen Kaufvertrages nicht besonders erwähnt zu werden.

IV 27 Wenn der Käufer beim Pränumerationskauf damit einverstanden ist, etwas anderes als Ersatz für das festgesetzte Kaufobjekt zu nehmen, so ist das ungültig; der Kniff, um es gültig zu machen, ist folgender: die beiden Kontrahenten heben den Pränumerationskaufvertrag auf, sodaß der Verkäufer nunmehr den Preis schuldig ist; darauf übergibt er dem Käufer an Stelle des Preises das, worüber sie ihr Einverständnis in gültiger Weise erklärt haben, gleichgültig ob es zum Genus des Objektes des Pränumerationskaufes gehört oder nicht; jedoch wird verlangt, daß sie die Besitzübereignung vor dem Auseinandergehen vollziehen, da eine Forderung nicht gegen eine Forderung verkauft werden darf.

IV 28 Für ein Pfand ist der Pfandnehmer nicht haftbar; der Kniff, um zu erreichen, daß er haftbar sei, besteht darin, daß der Pfandgeber es ihm zunächst leiht und es ihm dann verpfändet; so hat er es als Pfand in seiner Hand und ist dafür haftbar, wenn es zugrunde geht.

IV 29 Für den entliehenen Gegenstand ist der Entleiher haftbar; der Kniff, um zu erreichen, daß er nicht haftbar sei, ist folgender: wenn er den Gegenstand für etwas ganz Geringes mietet und benutzt, ist er, wenn er zugrunde geht, nicht haftbar und hat nur die festgesetzte Miete für die Zeit der Benutzung zu entrichten; denn er hat ihn auf Grund eines Mietsvertrages in Besitz genommen, und für derartiges ist er nicht haftbar;

V 30 und gesetzt er entleiht ihn und der Eigentümer sagt zu ihm: „verbrauche ihn und brauche ihn auf“, so ist er ebenfalls nicht haftbar, falls er bei ihm zugrunde geht.

V 31 Der Kniff, um das Vorkaufsrecht nicht eintreten zu lassen, ist folgender: der Käufer kaufe den Gegenstand für einen individuell bestimmten, aber nicht dargewogenen Preis; dann gibt es kein Vorkaufsrecht nach der Schulansicht des aš-Šāfiʿī (Allāh habe sein Wohlgefallen an ihm) — aber nicht der des abul-ʿAbbās —, weil das Vorkaufsrecht dem Vorkaufsberechtigten nur dann zusteht, wenn die Quantität des Preises bekannt ist, so daß der Vorkaufsberechtigte den Anteil für die gleiche Quantität nehmen kann; hier aber muß davon abgesehen werden, weil die Quantität des Preises nicht bekannt ist;

V 32 gesetzt der Käufer kauft den mit dem Vorkaufsrecht belasteten Anteil für einen dargewogenen Preis, sagt aber dann: „ich kenne die Quantität des Preises nicht“ oder „sie ist unbekannt“ und beschwört das, so gibt es kein Vorkaufsrecht nach der Schulansicht des aš-Šāfiʿī (Allāh habe sein Wohlgefallen an ihm); aber abul-ʿAbbās hat folgende Meinung geäußert: man sage dem Vorkaufsberechtigten: „erhebe den Anspruch, daß er ihn für einen Preis irgendeiner Quantität gekauft hat“; wenn dann der Käufer schwört, daß er ihn dafür nicht gekauft habe, so bleibt es dabei; andernfalls stellen wir fest, daß er den Eid zurückweist, und der Vorkaufsberechtigte schwört und bekommt ihn auf Grund des Vorkaufsrechtes;

V 33 gesetzt der Eigentümer schenkt den Anteil einem andern, darauf schenkt ihm der Beschenkte seinerseits etwas dafür; dann ist das gültig, und es gibt in diesem Falle kein Vorkaufsrecht;

V 34 gesetzt jemand kauft einen mit dem Vorkaufsrecht belasteten Anteil für 1000 Dirham, während er 10 Dirham wert ist, und übergibt dem Verkäufer an Stelle der 1000 eine Sklavin oder ein Gewand oder einen Gegenstand, der 10 Dirham wert ist; dann kann der Vorkaufsberechtigte, wenn er ihn auf Grund des Vorkaufsrechtes nehmen will, ihn nur für die 1000 nehmen.

V 35 Falls ein Feld in gemeinsamem Besitz zweier Leute A und B ist und geteilt werden kann und A es verlangt, wird B zur Teilung gezwungen; wenn A aber sein Verlangen nach Teilung wieder wirkungslos machen will, stifte er einen geringen Teil davon für irgendeinen Beliebigen; wenn er das tut, macht er sein Verlangen nach Teilung gemäß der besseren Ansicht der Schule wirkungslos.

IV 36 Gesetzt jemand kauft einen mit dem Vorkaufsrecht belasteten Anteil, während der Vorkaufsberechtigte abwesend ist; wenn der Käufer in diesem Falle auf dem Grundstück Gebäude errichtet, kann der Vorkaufsberechtigte, wenn er zurückkehrt, die Abtragung der Gebäude verlangen, ohne den an den Gebäuden entstehenden Schaden ersetzen zu müssen; der Kniff, um zu erreichen, daß er entweder den vollen Wert der Gebäude ersetzen muß, wenn er vom Käufer die Übergabe der Gebäude verlangt, oder die Wertdifferenz ersetzen muß, die zwischen dem stehenden und dem abgetragenen Zustande der Gebäude besteht, liegt darin, daß der Käufer vor den Richter geht und er den Kauf beglaubigt;

IV 37 gesetzt der Vorkaufsberechtigte ist abwesend und der Käufer verlangt die Teilung und errichtet nach vollzogener Teilung ein Gebäude auf seinem Anteil; nun kehrt der Vorkaufsberechtigte zurück und erklärt, den Anteil nehmen zu wollen; dann muß er Schadenersatz in einer der angegebenen Weisen leisten;

IV 38 gesetzt jemand kauft einen mit dem Vorkaufsrecht belasteten Anteil und der Käufer macht ihn, bevor der Vorkaufsberechtigte ihn nimmt, zu einer Stiftung; dann verfällt dessen Vorkaufsrecht nach dem, was man von abū Isḥāq erzählt; das ist aber eine schwache Ansicht;

IV 39 gesetzt jemand kauft von dem Anteil nur wenig und kauft dann erst den Rest des Anteils; nun kommt der Vorkaufsberechtigte; dann kann er den ersten Teil auf Grund des Vorkaufsrechtes nehmen; falls er aber auch den zweiten nehmen will — so erzählt man von abul-ʿAbbās, daß er den ganzen zweiten Anteil nicht nehmen kann, weil der Käufer, als er ihn kaufte, gleichfalls Mitbesitzer war, sodaß der Fall vorliegt, daß, wenn einer der Mitbesitzer einen Anteil kauft, der andere von ihm nicht den ganzen Anteil nehmen kann; wenn er also diesen Kniff anwendet und in dieser Weise verfährt, liegt es so, wie oben geschildert; allerdings erklären unsere Gefährten diese Ansicht für schwach.

IV 40 Die Muzāraʿa ist inkorrekt; wenn jemand einem Landarbeiter Samen übergibt, damit er ein Feld von ihm bearbeite und besäe mit der Maßgabe, daß die eine Hälfte des Ertrages dem Landarbeiter und die andere dem Eigentümer des Feldes gehöre, so ist das ungültig und der Ertrag gehört ganz dem Eigentümer des Samens, und der Landarbeiter hat von ihm einen Durchschnittslohn für seine Arbeit zu verlangen; wenn aber der Samen von seiten des Landarbeiters gestellt wird, gehört der Ertrag ihm, und der Eigentümer des Feldes hat eine Durchschnittsmiete für sein Feld für die Zeit, während deren der Landarbeiter das Feld innegehabt hat, zu verlangen; wenn der Samen aber beiden zu gleichen Teilen gehört, gehört auch der Ertrag beiden zu gleichen Teilen, und der Eigentümer des Feldes hat von dem Landarbeiter die Hälfte einer Durchschnittsmiete für das Feld und der Landarbeiter hat die Hälfte eines Durchschnittslohnes für seine Arbeit an dem Felde zu verlangen; diese Forderungen verrechnen sie gegenseitig, und wer einen Überschuß hat, hat gegen den andern darauf einen Anspruch;

41 der Kniff, um die Muzāraʿa gültig zu machen, ist folgender: der Eigentümer des Feldes und der Landarbeiter besichtigen das Feld, wenn sie es nicht schon vorher getan haben; darauf vermiete der Eigentümer des Feldes die Hälfte des Feldes ungeteilt dem Landarbeiter, daß er es für sich mit seinem (des Landarbeiters) Samen ein Jahr lang oder eine bestimmte Zeit bebaue, mit der Maßgabe, daß er dem Eigentümer des Feldes die andere Hälfte mit dessen Samen die Zeit des Mietsvertrages hindurch bebaue, behüte, bewässere, aberute und die Ernte worfele; nachdem sie in dieser Weise verfahren sind, schaffen sie den Samen zur Stelle, zur Hälfte dem Landarbeiter und zur Hälfte dem Eigentümer des Feldes gehörig, und mischen ihn; wenn dann der Landarbeiter das Feld mit diesem Samen bebaut, gehört beiden der Ertrag zu gleichen Teilen, und es tritt kein weiterer Anspruch ein;

42 falls aber der Eigentümer des Feldes wünscht, daß ihm zwei Drittel des Ertrages zufallen, vermiete er dem Landarbeiter ein Drittel des Feldes auf eine bestimmte Zeit mit der Maßgabe, daß er ihm die Zeit des Mietsvertrages hindurch die übrigen zwei Drittel mit dem Samen des Eigentümers des Feldes bebaue; dann schaffen sie den Samen zur Stelle, zu zwei Dritteln dem Eigentümer des Feldes und zu einem Drittel dem Landarbeiter gehörend, und mischen ihn; wenn er dann das Feld damit bebaut, gehört der Ertrag zu zwei Dritteln dem Eigentümer des Feldes und zu einem Drittel dem Landarbeiter;

43 falls aber der Landarbeiter wünscht, daß ihm zwei Drittel des Ertrages zufallen und dem Eigentümer des Feldes ein Drittel, ver-

miete ihm der Eigentümer des Feldes zwei Drittel des Feldes, daß er es für sich mit seinem eigenen Samen bebaue, mit der Maßgabe, daß er das verbleibende Drittel dem Eigentümer des Feldes mit dessen Samen die Zeit des Mietsvertrages hindurch bebaue; dann schaffe der Eigentümer des Feldes ein Drittel des Samens und der Landarbeiter zwei Drittel herbei, und sie mischen ihn; wenn er dann das Feld damit bebaut, gehört der Ertrag zu einem Drittel dem Eigentümer des Feldes und zu zwei Dritteln dem Landarbeiter;

IV 44 falls aber das Feld zwischen Palmen gelegen ist, ist der Kniff, um die Muzāraʿa darüber gültig zu machen, der, daß man die Musāqāt und die Muzāraʿa verbindet; so sind beide Verträge gültig; wenn aber die Muzāraʿa von der Musāqāt getrennt wird, ist es nicht gültig.

IV 45 Der Kniff, um eine Stiftung gültig zu machen, die zunächst noch Eigentum des Stifters bleiben soll, ist folgender: er stifte sie zunächst für sich selbst und dann für den, den er will; darauf gehe er zum Richter, damit er dieser Verfügung Rechtskraft verleihe; in diesem Falle ist es gültig; ohne richterliche Bestätigung aber ist eine Stiftung für den Stifter selbst nach der ursprünglichen Ansicht unserer Schule ungültig; allerdings hat az-Zubaịrī die Meinung aufgestellt, daß sie gültig sei; das ist jedoch ein Fehler, weil die Stiftung eine Art Eigentumsübertragung ist; nun kann aber niemand sich selbst seine eigenen Vermögenswerte zu Eigentum übertragen, wie auch niemand seine eigenen Vermögenswerte sich selbst verkaufen kann; einige unserer Gefährten haben aber folgende Meinung aufgestellt: gesetzt er wendet einen Kniff an und stiftet sie irgendjemand einen Monat oder kürzere oder längere Zeit und dann nach jenem sich selbst und bestimmt dann ihre weiteren Inhaber, so ist es eine Stiftung gemäß seinen Bestimmungen und ist auch gültig, soweit es ihm selbst zufällt.

IV 46 Gesetzt ein Sohn fürchtet, sein Vater könnte etwas, was er ihm geschenkt hat, zurückverlangen, oder eine Frau fürchtet, ihr Gatte könnte sie vor der Kohabitation scheiden und von ihr die Hälfte dessen, was er ihr als Brautgabe gegeben hat, zurückverlangen; wenn sie in diesem Falle einen Kniff anwenden und diesen Gegenstand jemand verkaufen, dann den Verkauf über ihn rückgängig machen oder ihn von dem Käufer zurückkaufen oder aber ihn ihrem Sohne schenken und dann das Geschenk zurückfordern, dann kann der Vater die Schenkung nicht mehr zurückziehen, und der Gatte kann, wenn er sich von ihr vor der Kohabitation scheidet, nicht die Hälfte davon zurückverlangen, sondern hat nur einen Anspruch auf die Hälfte seines Wertes am Tage, da er es ihr persönlich als Brautgabe gegeben hat oder ein anderer es für sie in Empfang genommen hat; dies ist die richtige Ansicht der Schule.

47 Der Kniff, um zu erreichen, daß ein Mann den Ẓihār oder den Īlā' nicht aussprechen kann, ist folgender: er sage: „sooft ich den Ẓihār oder den Īlā' über dich ausspreche, bist du vorher dreimal geschieden"; wenn er dann den Ẓihār oder den Īlā' ausspricht, ist der Ẓihār oder der Īlā' nicht gültig, und es tritt auch keine Scheidung ein; denn gesetzt er sagt zu ihr: „du bist für mich wie der Rücken meiner Mutter", so muß, wenn wir annehmen, daß es ein gültiger Ẓihār ist, vor ihm die Scheidung eingetreten sein; wenn aber ein Ẓihār eintritt, kann die Scheidung nicht ebenfalls eintreten.

48 Der Kniff, um zu erreichen, daß jemand seinen eigenen Sklaven nicht verkaufen kann, ist folgender: er sage: „wenn ich dich verkaufe, bist du vorher frei"; wenn er ihn danach verkauft, ist der Kauf nicht gültig, und auch die Freilassung tritt nicht ein, und das geschieht deshalb, weil, wenn der Kauf gültig wäre, vor ihm die Freilassung eingetreten sein müßte; wenn aber vor ihm die Freilassung eintritt, ist es kein gültiger Kauf, und wenn der Kauf nicht gültig ist, tritt auch die Freilassung nicht ein; so besteht zwischen beiden Akten Widerspruch und Unvereinbarkeit; deshalb wird keiner für rechtskräftig angesehen und zur Durchführung gebracht.

49 Wenn der Imām einen volljährigen, freien Ungläubigen zum Gefangenen macht, so hat er die Wahl, ob er ihn töten lassen oder unentgeltlich freilassen oder gegen Lösegeld freigeben oder zum Sklaven machen will; wenn der Gefangene aber einen Kniff anwendet, um die Tötung von sich abzuwenden, und sagt: „ich bezahle die Ǧizja", darf er nicht getötet werden, wenn dieser Ungläubige zu denen gehört, die ihr Leben durch Zahlung der Ǧizja schützen dürfen.

50 Falls ein Mandatar mit Erlaubnis seines Mandanten etwas kauft und daran einen Mangel findet, kann er es zurückgeben, und der Verkäufer darf den Mandatar nicht schwören lassen, daß der Mandant damit nicht zufrieden gewesen ist; der Kniff, um zu erreichen, daß er ihn schwören lassen kann, besteht darin, daß er behauptet: „der Mandant hat seine Zufriedenheit damit erklärt, und der Mandatar weiß es"; dann kann er ihn schwören lassen, daß er nicht weiß, daß sein Mandant seine Zufriedenheit erklärt hat.

IV 51 Es ist für den Mukātab nicht zulässig, ein Pfand zu nehmen; der Kniff, um zu erreichen, daß es zulässig werde, ist folgender: er verkaufe etwas, was 100 Dirham wert ist, für 110 und nehme 100 sogleich in Empfang und stunde 10, wobei der Gegenstand das Pfand über die 10 bildet; andere haben die Meinung geäußert, er dürfe überhaupt Pfänder nehmen.

IV 52 Gesetzt ein Angeklagter ernennt einen Mandatar für den Prozeß gegen seinen Kläger und entfernt sich darauf aus der Stadt, und der Richter ist ein Ḥanafit, dessen Schulansicht ist, daß gegen einen Abwesenden kein Urteil gefällt werden kann; nun verficht der Kläger seinen Anspruch gegen den Mandanten vor dem Mandatar und bringt zwei Zeugen bei, die die Berechtigung seines Anspruchs beweisen, und der Richter ist im Begriff, das Urteil zu sprechen; wenn in diesem Falle der Mandatar sagt: „ich trete vom Mandat zurück", kann zu Lasten des Mandanten kein Urteil ausgesprochen werden; wenn der Richter aber ein Šāfi'it ist, hat dieser Kniff keine Wirkung.

IV 53 Wenn ein Vormund einen seinem Mündel gehörenden Anteil, auf den er das Vorkaufsrecht hat, verkauft, hat er kein Vorkaufsrecht; der Kniff, um zu erreichen, daß er an dem Anteil das Vorkaufsrecht habe, besteht darin, daß er den Richter den Verkauf für das Mündel vornehmen läßt; dann kann er sein Vorkaufsrecht an dem Anteil geltend machen.

IV 54 Der Kniff, durch den ein Verkäufer das Vorkaufsrecht seines Mitbesitzers wirkungslos machen kann, besteht darin, daß er seinen Mitbesitzer zum Verkauf dieses Anteils bevollmächtigt; wenn der Mitbesitzer ihn dann verkauft, hat er nach der Ansicht der Schule kein Vorkaufsrecht an ihm;

IV 55 gesetzt ein Teilbesitzer schenkt seinen Anteil jemand mit gültiger Schenkung und der Beschenkte schenkt ihm seinen Wert zurück, so ist es gültig und der Mitbesitzer hat an dem Anteil kein Vorkaufsrecht.

IV 56 Beim inkorrekten Pfandvertrag entsteht keine Haftung für den Pfandnehmer; der Kniff, um zu erreichen, daß Haftung entsteht, ist folgender: der Pfandgeber erkläre: „dies ist ein Pfand mit der Maßgabe, daß, wenn ich dir dein Guthaben nicht bis zu dem und dem Zeitpunkt bezahle, ich es dir hiermit für dein Guthaben verkaufe"; wenn es in diesem Falle nach diesem Zeitpunkt zugrunde geht, haftet er, wenn es aber vorher zugrunde geht, haftet er nicht; der Unterschied zwischen beiden Fällen liegt darin, daß er es nach diesem Zeitpunkt auf Grund eines inkorrekten Kaufvertrages in Besitz hat, wobei er haftet, während er es vorher auf Grund eines inkorrekten Pfandvertrages genommen hat, wobei er dafür nicht haftet.

V 57 Gesetzt ein Gläubiger hat ein an einem Termin fälliges Guthaben, das noch nicht fällig ist; nun erhebt er gegen den Schuldner darauf Anspruch; der fürchtet jedoch, wenn er eine zustimmende Erklärung über die Tatsächlichkeit der Schuld abgäbe, zugleich aber behauptete, daß sie erst an einem Termin fällig ist, nach der einen der beiden Ansichten hinsichtlich des Termins als Kläger angesehen zu werden; wenn er in diesem Falle bei der Antwort einen Kniff anwendet und sagt: „was du von mir verlangst, brauche ich dir jetzt nicht zu zahlen“ und das beschwört, leistet er keinen Meineid und ist für den Augenblick von dem Anspruch frei;

V 58 gesetzt aber das Guthaben ist fällig, er ist jedoch nicht imstande, es zu bezahlen; wenn er in diesem Falle schwört, daß er ihn jetzt damit nicht zu befriedigen brauche, leistet er keinen Meineid und gibt auch nicht die Erklärung ab, daß er ihm das schuldig sei, aber außerstande sei, es zu bezahlen; denn wenn er das Schuldverhältnis dadurch eingegangen ist, daß er Geld bekommen hat, muß er seine Behauptung, daß er zur Bezahlung nicht imstande sei, erst beweisen.

V 59 Falls jemand, der eine Reise im Monat Ramaḍān vorhat, die Stadt, in der er sich aufhält, verlassen will, so darf er an dem Tage seines Aufbruchs das Fasten noch nicht brechen, es sei denn, er wendet einen Kniff an und geht vor Anbruch der Morgendämmerung heraus und wartet außerhalb der Stadt, bis ihn die Karawane einholt; dann darf er das Fasten brechen.

V 60 Gesetzt jemand behauptet, daß ein Gegenstand, den ein anderer innehat, ihm gehöre; wenn in diesem Falle sowohl der Kläger wie auch der Beklagte einen Beweis beibringt, daß ihm das gehöre, geht der Beweis des Beklagten vor, weil er den Gegenstand innehat;

V 61 der Kniff aber, damit der Beweis des Klägers vorgehe, besteht darin, daß er behauptet, daß dieser Beklagte ihm diesen Gegenstand usurpiert oder ihn ihm sonst widerrechtlich oder auf Grund eines inkorrekten Kaufes weggenommen habe; wenn er dann dafür den Beweis erbringt, geht sein Beweis nach der besseren Ansicht der Schule vor.

V 62 Falls der Imām einen Gefangenen macht, dessen Pubertät zweifelhaft ist, und er jemand beauftragt, sein Schamhaar zu inspizieren, so darf er ihn töten, wenn es sich herausstellt, daß es ihm bereits gewachsen ist; wenn aber der, dessen Schamhaar inspiziert wird, behauptet: „ich habe mich mit einer Salbe eingerieben, damit das eher wachse“, gilt seine Behauptung, und wenn gegen ihn Verdachtsmomente vorliegen, muß er sie beschwören; weigert er sich aber zu schwören, gilt seine Pubertät als festgestellt; dann darf der Imām ihn töten.

IV 63 Gesetzt jemand kauft etwas von einem andern und der Käufer sagt: „der Preis liegt bei mir im Laden; warte also auf mich, bis ich ihn dir bringe“; der Verkäufer fürchtet aber, er könnte seinen Besitz einem andern durch eine Erklärung zusprechen und ihn so um seinen Anspruch bringen; in diesem Falle besteht der Kniff, um eine solche Verfügung hinfällig und eine Erklärung seinerseits nichtig zu machen, darin, daß er den Richter bittet, über ihn das Sequester zu verhängen, damit er dazu nicht imstande sei.

IV 64 Die Unterhaltspflicht gegenüber den Verwandten ist nicht klagbar, selbst wenn der Richter sie dem Verpflichteten durch ein Urteil auferlegt; der Kniff, um sie klagbar werden zu lassen, ist folgender: der den Unterhalt zu beanspruchen hat, trete vor den Richter, daß er ihn ihm durch ein Urteil zuspreche und ihm erlaube, zu seiner Deckung zu Lasten des Verpflichteten eine Schuld einzugehen, und er gehe diese Schuld zu seinen Lasten ein; dann muß derjenige, der zu dem Unterhalt verpflichtet ist, sie bezahlen.

IV 65 Jemand hinterlegt bei einem andern ein Depositum; nun zwingt die Obrigkeit den Depositar, es ihr auszuliefern, und er liefert es auch aus; in diesem Falle haftet er; der Kniff, um ihn nicht haftpflichtig werden zu lassen, besteht darin, daß er der Obrigkeit mündlich den Aufbewahrungsort des Depositums anzeigt; wenn sie es dann auf Grund der von ihm erzwungenen Anzeige nimmt, wird er dafür nicht haftbar.

IV 66 Falls jemand einen Sklaven einem Fremden zu verkaufen wünscht und von ihm Sicherheit haben will, daß er den Sklaven nicht weiterverkaufe, so besteht der Kniff, um das zu erreichen, darin, daß er ihn ihm unter Bedingung späterer Freilassung verkauft; so ist er zur Freilassung verpflichtet und kann ihn nicht verkaufen; so lautet die bessere Ansicht der Schule.

IV 67 Ein Herr sagt zu seinem Sklaven: „sooft ich dich verkaufe, bist du frei“ und will ihn später einmal verkaufen; in diesem Falle besteht der Kniff, ihn verkaufen zu können, darin, daß er ihn verkauft unter der Bedingung, daß er keine optio consessus haben solle; wenn wir dann diesen Verkauf mit der einen der beiden Ansichten der Schule für gültig erklären, tritt die Freilassung nicht ein, und der Verkauf ist bindend.

IV 68 Gesetzt ein Stummer gibt eine Erklärung ab, auf Grund deren der Qiṣāṣ an ihm vollstreckt werden müßte; bevor aber der Qiṣāṣ an ihm vollstreckt wird, löst sich seine Zunge; in diesem Falle besteht der Kniff, um zu erreichen, daß der Qiṣāṣ an ihm nicht vollstreckt werden kann, darin, daß er sagt: „ich habe mit jener Geste nicht die Erklärung, ihn getötet zu haben, beabsichtigt"; dann wird nach der Ansicht eines Teiles unserer Gefährten — ein anderer ist anderer Ansicht — der Qiṣāṣ an ihm nicht vollstreckt.

IV 69 Es ist nicht zulässig, etwas Usurpiertes zu kaufen, das noch in der Hand des Usurpators ist, oder etwas, das im Gewahrsam der Obrigkeit ist; der Kniff, um das zulässig zu machen, ist folgender: der Käufer sage: „jener Gegenstand gehört dir, und ich bin imstande, ihn dem Usurpator oder der Obrigkeit wieder abzunehmen; verkaufe ihn mir also für soundsoviel"; wenn er ihn ihm dann verkauft, ist der Kauf gültig, und wenn der Käufer imstande ist, ihn zu bekommen, hat er keinen Anspruch gegen den Verkäufer; wenn er aber dazu nicht imstande ist, hat er gegen ihn einen Regreßanspruch auf den Preis.

IV 70 Gesetzt jemand mietet einen andern, ihm ein Gewand für bestimmten Lohn zu nähen, und er näht es ihm auch; darauf leugnet es der Eigentümer des Gewandes ab und sagt: „ich habe ihm das Nähen nicht erlaubt"; falls nun der Schneider sagte: „ich habe es dir mit deiner Erlaubnis für soundsoviel genäht", würde seine Behauptung nicht gelten, und er wäre für den Schaden haftbar und hätte zudem keinen Lohn zu beanspruchen; der Kniff, um zu erreichen, daß ihm der Lohn nicht entgeht und er auch im forum externum nicht haftbar ist, besteht darin, daß er sagt: „ich brauche dir dies Gewand erst zurückzugeben, nachdem ich soundsoviel bekommen habe";

IV 71 gesetzt jemand mietet einen Färber, ihm ein Gewand für bestimmten Lohn zu färben, und der Färber färbt es auch; dann leugnet der Eigentümer des Gewandes, ihn mit dem Färben beauftragt zu haben, verlangt von ihm Schadenersatz und will ihm keinen Lohn zahlen; in diesem Falle besteht der Kniff darin, daß der Färber sagt: „ich brauche dir dies Gewand erst zurückzugeben, nachdem ich von dir soundsoviel bekommen habe", und das ist die richtige Antwort in diesem Falle und im vorhergehenden eine ähnliche, es sei denn, daß der Zwirn dem Schneider gehörte, sodaß er einen bestimmten Gegenstand hätte, auf Grund dessen er es zurückbehalten kann, um sich für ihn zu entschädigen.

IV 72 Gesetzt jemand mietet etwas und es geht bei ihm zugrunde, so ist er nicht haftbar; wenn aber der Eigentümer ableugnet, daß er es deponiert oder vermietet habe, sondern sagt: „er hatte es usurpiert, und so ist es bei ihm zugrunde gegangen", so entscheidet seine Aussage, vorausgesetzt der, bei dem es zugrunde ging, ist geständig, soweit wir angenommen haben; er sage jedoch: „ich habe nichts, was dir gehörte", damit seine Aussage entscheide.

IV 73 Der Kauf von Quellwasser, das der Käufer auf sein Feld leiten will, ist nicht zulässig und seine Miete auch nicht; der Kniff, um das zu erreichen, besteht darin, daß er ein Drittel oder die Hälfte der Quelle selbst kauft oder mietet; dann gehört ihm ein Drittel oder die Hälfte des Wassers, sodaß er es auf sein Feld leiten kann.

IV 74 Das Zeugnis eines Mandatars zugunsten seines Mandanten in einer Sache, in der er Mandatar ist, wird nicht angenommen; der Kniff, um das zulässig zu machen, besteht darin, daß er vor Beginn des Prozesses das Mandat niederlegt; denn dann wird sein Zeugnis nach der besseren Ansicht der Schule angenommen.

IV 75 Gesetzt jemand verrichtet den Wuḍūʾ und wäscht dabei seinen einen Fuß und zieht den Schuh auf ihn, wäscht dann den andern und zieht den Schuh auf ihn, so ist das Bestreichen der Schuhe nicht zulässig, wenn er einen Ḥadaṯ erfährt; der Kniff, um das zu erreichen, besteht darin, daß er den zuerst angezogenen noch vor dem Ḥadaṯ ablegt und ihn dann wieder anzieht, damit das Bestreichen der Schuhe zulässig sei.

IV 76 Das Bestreichen von Oberstiefeln ist nach der besseren Ansicht der Schule nicht zulässig und ebensowenig das von einem zweiten Paar Schuhe; wenn jedoch der untere Schuh dort, wo er den Fuß berührt, einen Spalt hat, wäre es auch nur ein wenig, ist das Bestreichen zulässig.

IV 77 Falls der Muḥrim ein Stück Wild jagt, das er fängt und nicht losläßt, bis er den Iḥrām abgelegt hat, muß er es loslassen und darf es sich nicht aneignen;

IV 78 der Kniff, um das zu erreichen, besteht darin, daß er es an einer beliebigen Stelle losläßt und dann gleich wieder jagt; dann darf er es sich aneignen.

IV 79 Falls jemand über irgendetwas vereidigt wird und fürchtet, der Richter könnte ihn, wenn er nicht schwört, gefangensetzen, aber auch keinen Meineid schwören will, so ist der Kniff in diesem Falle der, daß er seinem Eide die Formel „wenn Allāh will“ leise beifügt, sodaß er selbst sie hört, mag sie auch ein anderer nicht hören.

IV 80 Gesetzt eine Frau pflegt aus dem Hause ihres Gatten auszugehen, er aber schwört bei ihrer Scheidung und sagt: „du bist dreimal geschieden, wenn du das Haus verläßt, es sei denn mit meiner Erlaubnis“; nun fürchtet der Gatte, sie könnte im Zorne ohne seine Erlaubnis ausgehen; wenn er in diesem Fall einen Kniff anwendet und es ihr erlaubt, ohne daß sie es weiß, und sie danach ausgeht, ist sein Eid nicht gebrochen; wenn der Eid aber vor Zeugen stattgefunden hat, möge er auch die Erlaubnis vor Zeugen erteilen, damit seine Behauptung, daß er ihr die Erlaubnis erteilt habe, auch im forum externum gelte, wenn sie ausgeht;

IV 81 gesetzt aber er hat ihr gesagt: „sooft du ausgehst, es sei denn mit meiner Erlaubnis, bist du geschieden“, so sage er: „ich erlaube ihr hiermit auszugehen, sooft sie will“, und nehme die Erlaubnis nicht zurück.

IV 82 Gesetzt jemand sieht auf seinem Gewande etwas, von dem er nicht genau weiß, ob es Urin ist, sodaß er den W̮uḍūʾ verrichten und das Gewand waschen müßte, oder Sperma, sodaß er es nicht zu waschen brauchte, aber den Ġusl verrichten müßte; wenn er in diesem Falle durch einen Kniff das Leichteste sucht und den Ġusl verrichtet, so fällt damit seine Verpflichtung, den W̮uḍūʾ zu verrichten und das Gewand zu waschen; eigentlich aber hätte er nicht einmal den Ġusl nötig, denn nach meiner Auffassung wäre es das richtigste, daß er in diesem Falle überhaupt nur den W̮uḍūʾ zu verrichten brauchte, weil das in jedem Falle gefordert wird, und das Gewand nicht zu waschen brauchte, weil es möglich ist, daß es Sperma wäre, sodaß er es nicht zu waschen brauchte.

IV 83 Eine Bestechung anzunehmen ist nicht erlaubt; aber gesetzt ein Richter oder Muftī möchte eine Unterstützung haben und sagt: „ich bin dir gegenüber nur verpflichtet, vor zwei Zeugen auszusagen: ‚ich entscheide hiermit zu deinen Gunsten gegen N.N.‘, und bin nicht verpflichtet, dir darüber eine Urkunde auszustellen; miete mich also, damit ich sie dir ausstelle und den Lohn für ihre Ausstellung erhalte“, so ist es ihm nicht verboten; und ebenso steht es mit dem Muftī: gesetzt er sagt zu einem, der um einen Rechtsbescheid ersucht: „ich bin nur verpflichtet, dir den Bescheid mündlich zu geben, und nicht, die Aufwendung für die schriftliche Ausfertigung zu tragen; wenn du dás wünschst, miete mich, daß ich dir die Urkunde ausstelle und den Lohn für ihre Ausstellung erhalte", so ist es ihm nicht verboten; jenes berichtet man von abul-ʿAbbās und dies habe ich danach abgeleitet.

IV 84 Gesetzt jemand spricht den Liʿān gegen seine Frau aus und leugnet die Vaterschaft des Kindes; darauf stirbt es, und die andern ʿAṣabāt bekommen das, was nach Abzug des Anteils der Mutter übrigbleibt; wenn er in diesem Falle einen Kniff anwendet und sich selbst Lügen straft, kann er die Erbschaft zurückverlangen;

IV 85 gesetzt jemand spricht den Liʿān aus und leugnet die Vaterschaft, kommt dann und tötet den, dessen Vaterschaft er geleugnet hat, so wird an ihm der Qiṣāṣ vollstreckt; falls er aber sagt: „ich habe mit meiner Behauptung unrecht gehabt und er ist mein Sohn", wird er nicht getötet; ebenso steht es, wenn er jene Frau tötet, gegen die er den Liʿān ausgesprochen hat, während dem Sohne das Recht, den Qiṣāṣ zu fordern, zusteht.

IV 86 Gesetzt jemand schwört und sagt: „meine Frau ist dreimal geschieden, wenn N. N. heute an der Freitags-Ṣalāt teilnimmt", während gerade Freitag ist, und er fürchtet, jener könnte an ihr teilnehmen und die Scheidung könnte eintreten; wenn er in diesem Falle einen Kniff anwendet und soviele Leute versammelt, wie zu einer gültigen Freitags-Ṣalāt erforderlich sind, und unter ihnen, sogleich nachdem die Sonne kulminiert hat, an einem Orte, an dem die Freitags-Ṣalāt gültig verrichtet werden kann, die Ṣalāt nach den dafür geltenden Vorschriften verrichtet, hat jener die Verrichtung der Freitags-Ṣalāt versäumt, und wenn jener in derselben Stadt mit einer andern Schar die Ṣalāt verrichtet, ist es keine Freitags-Ṣalāt, und die Scheidung tritt nicht ein;

IV 87 falls er nicht so verfährt, wohl aber einen unreinen Fetzen an das Gewand jenes Mannes heftet, ohne daß jener ihn bemerkt, oder etwas Unreines, das jener nicht bemerkt, auf den Platz legt, auf den seine Kleider hinabgleiten, und jener dann mit den andern die Freitags-Ṣalāt verrichtet, tritt die Scheidung nicht ein, weil seine Ṣalāt nicht gültig war und nach der richtigeren der beiden Ansichten wiederholt werden muß.

V 1 **Kapitel, das Kniffe aus den drei Arten enthält.** Gesetzt jemand ist mit einer Sklavin verheiratet; nun sagt ihr Herr zu ihr: „du bist mit Eintritt des morgigen Tages frei", und ihr Gatte sagt, während er krank ist: „du bist nach Eintritt des morgigen Tages dreimal geschieden"; wenn der Gatte dann stirbt und der Ausspruch des Herrn bekannt ist, erbt sie nach der richtigeren der beiden Ansichten; der Kniff, durch den der Gatte verhindern kann, daß sie erbt, besteht darin, daß er den Eid ihres Herrn sinngemäß wörtlich wiederholt; dann erbt sie nicht im Falle, daß er stirbt.

V 2 Falls sich ein Kranker dreimal von seiner Gattin scheidet und dann stirbt, erbt sie nach der richtigeren der beiden Ansichten; der Kniff, um zu verhindern, daß sie erbt, besteht darin, daß er sagt: „ich habe mich von ihr dreimal geschieden, während ich noch gesund war“; dann ist sie damit von der Erbschaft ausgeschlossen.

V 3 Gesetzt ein Kranker schenkt seinem Erben etwas, so ist die Schenkung ungültig, falls er stirbt; der Kniff, um zu erreichen, daß im forum externum auf Gültigkeit dieser Handlung erkannt wird, besteht darin, daß er sagt: „ich habe ihm diesen Gegenstand bereits geschenkt und übergeben, während ich noch gesund war“, oder eine Erklärung abgibt, daß dieser Gegenstand ihm gehört.

V 4 Gesetzt jemand hat zusammen mit einem seiner Erben etwas zu Teilbesitz und wünscht, daß dieser Anteil ihm für weniger als den Durchschnittspreis zufalle, während er krank ist; in diesem Falle ist der Kniff der, daß er ihn an einen Dritten für den Betrag, den er wünscht, verkauft, wenn der Preisnachlaß über das Legatsdrittel nicht hinausgeht, sodaß sein Erbe ihn auf Grund des Vorkaufsrechtes für das nehmen kann, wofür es der Käufer gekauft hat; so lautet die bessere Ansicht der Schule.

V 5 Falls jemand für ein Guthaben ein Pfand genommen hat, ohne daß er es beweisen kann, und der Eigentümer dieses Gegenstandes ihn für sich beansprucht, so besteht der Kniff darin, daß er sagt: „ich brauche dir diesen Gegenstand erst einzuhändigen, nachdem ich soundsoviel erhalten habe“; falls er aber erwähnt, auf Grund welchen Rechtsverhältnisses dem so ist, wird er zum Kläger hinsichtlich des Guthabens und des Pfandes gemacht und das Pfand wird ihm abverlangt.

V 6 Falls jemand einen andern am Kopf an zwei Stellen verwundet, die miteinander nicht zusammenhängen, so muß er zehn Kamele zahlen; gesetzt aber er geht hin und beseitigt die trennende Stelle durch eine neue Verwundung, so vermindert sich der Betrag auf fünf Kamele.

V 7 Gesetzt jemand haut einem andern Gliedmaßen ab und es kommen so mehrere Dij̧āt zusammen; nun geht er hin, bevor man ihm das Geld abgenommen hat uud bevor die Wunden vernarbt sind, und tötet ihn: dann vermindert sich der Betrag auf eine einzige Dij̧a.

V 8 Gesetzt jemand kauft in seiner Todeskrankheit seinen Vater, der infolgedessen zu seinen Lasten frei wird, so beerbt er ihn nicht; der Kniff, um ihn zum Erben zu machen, besteht darin, daß er sich ihn von seinem Besitzer schenken läßt und ihm seinen Wert und das, worauf sie sich geeinigt haben, als Gegengabe schenkt; wenn er so verfährt, beerbt ihn der Vater nach der besseren Ansicht der Schule; und gesetzt er sagt: „ich habe ihn gekauft, als ich noch gesund war", beerbt er ihn ebenfalls.

V 9 Falls jemand eine Sklavin freiläßt mit der Maßgabe, daß er sie heirate, so braucht sie ihn nicht zu heiraten, und die Freilassung wird durchgeführt, und sie ist dem Herrn ihren Durchschnittswert schuldig; der Kniff, um zu erreichen, daß er sie freiläßt mit der Maßgabe, daß er sie heirate, und sie dazu verpflichtet sei, ist folgender: er sage zu ihr: „ich lasse dich hiermit frei mit der Maßgabe, daß nur Allāh darum wissen soll, bis ich dich nach deiner Freilassung heirate; dann bist du auch im forum externum frei"; wenn sie ihn dann nach dieser Freilassung heiratet, wissen wir genau, daß sie vom Zeitpunkt der Aussprache jener Formel an frei gewesen ist, weil die Voraussetzung der Freilassung erfüllt ist, und die Ehe ist ebenfalls gültig; diese Ansicht hat ibn Ḫairān geäußert; das ist aber nicht unbestritten.

V 10 Gesetzt jemand erklärt als Pfandgeber oder Schenker, daß der Pfandnehmer das Pfand oder daß der Beschenkte das Geschenk in Besitz genommen hat, leugnet es dann aber und sagt: „er hatte es damals noch nicht in Besitz genommen": dann wird weder dem Beschenkten noch dem Pfandnehmer der Eid auferlegt; der Kniff, um zu erreichen, daß er imstande sei, von ihnen den Eid zu verlangen, besteht darin, daß er sagt: „ich hatte erfahren, daß sie es in Besitz genommen hatten; nun hat es sich mir herausgestellt, daß der, von dem ich diese Nachricht habe, gelogen hat"; dann kann er von ihm den Eid verlangen; einige unserer Gefährten haben auch folgende Meinung geäußert: wenn er sagt: „der Pfandnehmer weiß, daß er es nicht in Besitz genommen hatte", und ebenso der Beschenkte, so kann er von ihm den Eid verlangen.

V 11 Gesetzt jemand heiratet einen Säugling und gibt ihm eine Brautgabe, wünscht dann aber die Ehe nichtig zu machen, ohne daß er ihr etwas von ihrer Brautgabe lassen müßte; wenn er in diesem Falle einen Kniff anwendet und etwas in ihre Hände legt, worin sich Milch einer andern Gattin oder einer Schwester von ihm befindet, und sie dann davon trinkt und er das fünfmal tut, ist die Ehe nichtig, ohne daß die Kleine etwas bekommt.

12 Gesetzt jemand hinterlegt, ohne eine Reise vorzuhaben, ein Depositum, das er hat, bei dem Richter seiner Stadt, da er den Eigentümer oder einen Bevollmächtigten von ihm nicht finden kann; in diesem Falle ist er haftbar; falls er aber eine Reise vorgehabt hat, ist er nicht haftbar; der Kniff, um ihn auch in jenem Falle nicht haftbar werden zu lassen, besteht darin, daß er vor dem Untergange des Depositums eine Reise unternimmt oder, ohne eine Reise zu unternehmen, nach seinem Untergange behauptet, daß er eine Reise vorhatte, als er es beim Richter hinterlegte; dann ist er von der Haftpflicht frei.

13 Gesetzt jemand deponiert bei einem andern einen unversiegelten Beutel mit 10 Dirhams Inhalt; nun nimmt der Depositar einen Dirham heraus, um ihn auszugeben, und legt einen andern dafür wieder hinein; nun geht das Ganze zugrunde; in diesem Falle haftet er für das Ganze, wenn der Ersatz-Dirham von den andern unterschieden werden kann; der Kniff, um zu erreichen, daß er für das Ganze nicht haftbar wird, besteht darin, daß er den Ersatz-Dirham so hineinlegt, daß er von den andern nicht unterschieden werden kann; falls er aber denselben wieder hineinlegt, den er herausgenommen hat, wird er ebenfalls für das Ganze nicht haftbar, wenn es zugrunde geht, mag er von den andern unterschieden werden können oder nicht; so lautet die verbreitetere Ansicht der Schule.

14 Gesetzt jemand hat ein Depositum und wünscht zu verreisen, findet aber weder einen Richter noch seinen Eigentümer noch einen Bevollmächtigten seines Eigentümers; wenn er es nun allein in der Stadt zurückläßt, ist er haftbar und ebenso, wenn er es auf die Reise mitnimmt; der Kniff besteht darin, daß er es bei einer zuverlässigen Vertrauensperson deponiert, um nicht haftbar zu werden;

15 gesetzt jemand wünscht unter den geschilderten Umständen zu verreisen; wenn er es in diesem Falle in seinem Hause vergräbt, ist er haftbar; der Kniff in diesem Falle, um zu erreichen, daß er nicht haftbar wird, besteht darin, daß er davon eine Vertrauensperson, die zusammen mit ihm in dem Hause wohnt, unterrichtet.

16 Gesetzt zwei Teilhaber besitzen gemeinsam einen Sklaven; nun wünscht einer von ihnen, seinen Anteil freizulassen, und der andere wünscht das gleiche, und beide sind wohlhabend; wenn in diesem Falle einer seinen Anteil freiläßt, wird der Sklave zu seinen Lasten ganz frei; der Kniff, um zu erreichen, daß jeder nur seinen Anteil freilasse, ohne den Anteil seines Teilhabers gegen Erstattung des

Wertes ebenfalls freilassen zu müssen, besteht darin, daß einer zum andern sagt: „wenn du deinen Anteil an diesem Sklaven freiläßt, ist mein Anteil zugleich mit dem Freiwerden deines Anteils frei"; wenn der andere dann sagt: „ich lasse hiermit meinen Anteil frei", wird der Sklave zu ihrer beider Lasten frei;

V 17 falls sie einen Bevollmächtigten ernennen, der beide Anteile für sie beide in einem Akte freilassen soll, wird die Freilassung ebenfalls an beiden Anteilen ohne Ausstrahlung durchgeführt.

V 18 Wenn der Schreiber eines Kontraktes einen Kniff anwendet und in der Kaufurkunde „mit gültigem Kaufe" schreibt, hat er dadurch den Käufer geschädigt; denn wenn das Kaufobjekt ihm auf Grund eines Anspruchs entzogen wird, hat er keinen Regreßanspruch auf den Preis gegen den Verkäufer, weil er die Erklärung abgegeben hat, daß der Kauf gültig ist, und damit ist gegeben, daß der Kauf von einem Dritten nicht angefochten werden kann und daß der, der ihm auf Grund einer Klage das Kaufobjekt wegnimmt, einen ungerechten Anspruch erhebt; diese Ansicht haben einige unserer Gefährten aufgestellt.

V 19 Gesetzt A schreibt in einer Erklärungsurkunde: „ich bin dazu imstande und vermögend", so gilt seine Behauptung, daß er arm sei, nicht, und gesetzt er hat in ihr geschrieben: „A hat es B gegenüber anerkannt, und die diesbezügliche Erklärung zu seinen Gunsten bindet ihn", so wird, wenn A den B schwören lassen will, daß A zur vollständigen Erfüllung seines (des B) Anspruchs ihm (dem B) gegenüber verpflichtet sei, diesem Verlangen nicht stattgegeben; wenn A aber diesen Passus ausläßt, kann er es nach der besseren Ansicht der Schule verlangen.

V 20 Jemand klagt einem andern gegenüber auf einen bestimmten Anspruch, von dem jedoch der Kläger den Beklagten schon für frei erklärt hat; falls nun der Beklagte sagt: „du hast mich von diesem Anspruch für frei erklärt", verpflichtet ihn der Anspruch, und er gilt als Kläger hinsichtlich der Erklärung, daß er frei sei; falls er aber einen Kniff anwendet und sagt: „du hast mich von dieser Klage für frei erklärt", gilt er nicht als geständig hinsichtlich des Anspruchs.

V 21 Die Erklärung, daß der Schuldner von dem Anspruch frei und ledig sei, ist nicht zulässig, wenn man den Betrag der Schuld nicht kennt; der Kniff in diesem Falle besteht darin, daß man ihn von einer unteren bis zu einer oberen Grenze für frei erklärt, wobei man mit Bestimmtheit weiß, daß der Anspruch von der oberen

Grenze eingeschlossen wird und nicht darüber hinausgeht; zum Beispiel sage er: „ich erkläre dich für ledig von einem Stückchen Gold im Gewichte eines Gerstenkorns an bis zu 100 Dīnāren"; wenn er so verfährt, ist es eine gültige Erklärung, daß er ledig sei.

22 Gesetzt der Gerent einer Kommanditgesellschaft sagt: „ich habe 1000 Dirham verdient", hat aber mit dieser Behauptung gelogen, damit der Eigentümer des Geldes ihm das Geld nicht entziehe; wenn er in diesem Falle später sagt: „ich habe gelogen", gilt diese seine zweite Aussage nicht; der Kniff besteht darin, daß er sagt: „die 1000 sind zugrunde gegangen"; so gilt seine Behauptung, wenn er sie beschwört.

23 Gesetzt zwei Diebe wollen einbrechen und in ein Haus eindringen; wenn sie in diesem Falle zusammen einbrechen und zusammen eindringen und zusammen einen Gegenstand nehmen, dessen Wert ½ Dīnār beträgt, muß beiden die Hand abgehauen werden;

24 wenn aber einer einbricht und der zweite den Gegenstand nimmt, ohne daß jemand im Hause ist, kann keinem die Hand abgehauen werden; und ebenso ist es in folgendem Fall: wenn einer über das Dach in das Haus steigt, hinuntersteigt und die Tür öffnet, dann der zweite hineingeht und das Geld nimmt, kann keinem die Hand abgehauen werden.

25 Gesetzt es wird einem Sklaven nachgewiesen, daß er einen Diebstahl verübt hat, auf Grund dessen ihm die Hand abgehauen werden müßte; nun sagt der Sklave: „was ich gestohlen haben soll, gehört mir"; dann wird ihm die Hand für den Diebstahl nicht abgehauen, selbst wenn ihn der Herr Lügen straft.

26 Gesetzt ein Sklave heiratet eine Frau, die von mehreren Leuten freigelassen worden ist; dann kommt das Patronatsrecht über das Kind den Patronen der Mutter zu; nun hat der Herr des Sklaven einen Kniff angewendet und seinen Sklaven freigelassen; dann fällt das Patronatsrecht ihm zu.

27 Die Ehefrau kann die Erstattung der für ihren Unterhalt geleisteten Ausgaben späterhin nicht verlangen; falls sie aber einen Kniff anwendet und wartet, bis eine gewisse Zeitperiode um ist, ihre Ausgaben für den Unterhalt während dieser Periode feststellen läßt und die Erstattung der Dirhams und Dīnāre verlangt, so steht ihr das nach der besseren Ansicht der Schule zu.

28 Gesetzt jemand ist einem andern etwas schuldig und gesteht es ihm unter vier Augen zu, leugnet es aber vor Zeugen; in diesem Falle besteht der Kniff darin, daß der Gläubiger zwei Zeugen an

einem Ort, an dem er sich in ihrer Gegenwart befindet, versteckt, sodaß sie den Schuldner, der die Erklärung abgibt, sehen können, während er sie nicht sieht; nachdem sie sein Geständnis mit Hilfe dieses Kniffes gehört haben, können sie darüber Zeugnis ablegen.

V 29 Gesetzt jemand kommt mit seinem Gegner vor einen Schiedsmann, der zwischen ihnen entscheiden soll, und sagt zu seinem Gegner: „lege unbesorgt unser Verhältnis zueinander dar, denn dieser Schiedsmann wird kein Zeugnis zu deinen Lasten ablegen, sondern er soll zwischen uns entscheiden"; wenn dann ein Geständnis von ihm vor dem Schiedsmann vorliegt, kann er darüber Zeugnis ablegen.

V 30 Gesetzt jemand sagt: „bei Allāh, ich werde nicht essen, was N.N. gekauft hat" und schwört ebenfalls, er werde essen, was N.N. durch Kauf erworben hat; in diesem Falle besteht der Kniff darin, daß er ißt, was N.N. zusammen mit einem andern gekauft hat, aber nicht ißt, was er allein gekauft hat, und ebenso steht es, wenn dieser Eid bei Strafe der dreimaligen Scheidung abgelegt wird.

V 31 Gesetzt jemand schwört in betreff seiner Gattin: „wenn ich diese Butter esse, bist du dreimal geschieden" und schwört bei Strafe der dreimaligen Scheidung, daß er von ihr essen werde; in diesem Falle besteht der Kniff darin, daß er einen Teil von ihr ißt, sie aber nicht ganz ißt, damit die Scheidung nicht eintrete.

V 32 Gesetzt jemand sagt: „bei Allāh, ich werde das Brötchen nicht essen", darauf schwört er, daß er es essen werde und sagt: „bei Allāh, ich werde dies Brötchen essen"; in diesem Falle besteht der Kniff darin, daß er einen Teil davon, nicht das ganze, ißt.

V 33 Gesetzt jemand schwört und sagt: „ich werde das Wasser in diesen Gefäßen nicht trinken", dann schwört er und sagt: „ich werde aus diesen Gefäßen trinken"; in diesem Falle besteht der Kniff darin, daß er den einen Teil dieses Wassers trinkt und den andern nicht.

V 34 Gesetzt jemand schwört bei Strafe der Scheidung, daß er diesen Weizen nicht essen werde; dann sieht er etwas, ohne zu wissen, daß es Weizen ist, und sagt: „meine Frau ist dreimal geschieden, wenn ich das nicht esse"; in diesem Falle besteht der Kniff darin, daß er diesen Weizen mahlen läßt und es als Brot ißt, um keinen der beiden Eide zu brechen.

V 35 Gesetzt jemand schwört bei Strafe der dreimaligen Scheidung, er werde diese individuell bestimmte Frucht nicht essen; darauf gerät sie unter einen Haufen Früchte, und er kann sie nicht mehr herausfinden; in diesem Falle besteht der Kniff darin, daß er alle ißt und eine übrigläßt, um die Strafe für den Eidbruch nicht zu verwirken; falls er aber alle ißt, verwirkt er die Strafe für den Eidbruch.

36 Gesetzt jemand sagt zu seinen zwei Frauen: „wenn ihr menstruiert, seid ihr geschieden"; nun sagen sie: „wir haben menstruiert"; dann besteht der Kniff darin, daß er sie Lügen straft, damit die Scheidung für sie nicht eintrete; wenn er aber eine Lügen straft und die Aussage der andern für wahr erklärt, tritt die Scheidung für diejenige ein, deren Aussage er bestätigt hat, nicht für diejenige, die er Lügen gestraft hat.

37 Gesetzt jemand scheidet sich von seiner Frau dreimal, so hat sie gegen ihn keinen Anspruch auf Unterhalt während der Wartezeit, es sei denn, daß sie schwanger ist; dann hat sie Anspruch auf Unterhalt; und über diesen Fall gibt es zwei Ansichten, die eine, daß der Unterhalt der Schwangeren zukommt, und die zweite: der Leibesfrucht; wenn wir uns für die erste entscheiden, so folgt, daß er ihr schon vor der Niederkunft gereicht werden muß; entscheiden wir uns aber für die zweite, so gibt es über die Frage, ob er ihr schon vor der Niederkunft oder erst nachher gereicht werden muß, zwei Ansichten, je nachdem wir die Ansicht haben, daß die Leibesfrucht rechtsfähig ist oder nicht.

38 Gesetzt jemand spricht nach der Kohabitation eine redintegrierbare Scheidung aus, so hat die Frau Anspruch auf Unterhalt während der Wartezeit, sie sei schwanger oder nicht; wenn die Scheidung aber gegen Entgelt geschieht, hat sie keinen Anspruch auf Unterhalt, es sei denn, sie ist schwanger; was aber die Wohnung anlangt, so hat sie den Anspruch darauf in allen diesen Fällen; falls er sich aber von ihr vor der Kohabitation scheidet, hat sie weder auf Unterhalt noch auf Wohnung Anspruch; falls er sich nun von ihr unter solchen Umständen scheidet, daß sie auf Unterhalt und Wohnung Anspruch hätte, mit der Maßgabe, daß sie auf Unterhalt und Wohnung verzichtet, entfällt ihr Anspruch auf Unterhalt und Wohnung; wenn aber in diesem Falle ein kleines Kind vorhanden ist, muß er für seinen Unterhalt aufkommen, und er schuldet ihr auch Entgelt für ihre Pflege in den Fällen, in denen er Unterhalt und Wohnung und den Unterhalt für das Kind aufbringen müßte;

39 der Kniff, um sich von allen diesen Verpflichtungen zu befreien und sie auf die Frau abzuwälzen, ist folgender: er scheide sich von ihr mit der Maßgabe, daß sie für sein Kind 15 Jahre lang

aufkomme, und setze die Zeit des Säugens fest und bestimme die Art der Nahrung, die sie ihm nach dem Säugen reichen soll, und ihre Quantität und ihre Beschaffenheit und die Termine, an denen sie fällig wird, und füge den Betrag des Unterhaltes während der Wartezeit und die Getreideart, aus der er bestehen soll, und den Betrag der Wohnungsmiete hinzu.

V 40 Gesetzt jemand hat vier Frauen und wünscht, mit einer zu verreisen; dann muß er den zurückbleibenden nach seiner Rückkehr die Zahl der Nächte ersetzen; wenn er aber einen Kniff anwendet und lost und diejenige, auf die das Los trifft, mitnimmt, braucht er den zurückbleibenden nach seiner Rückkehr die Zahl der Nächte nicht zu ersetzen.

V 41 Gesetzt jemand gibt seiner Frau als Brautgabe eine Palme und scheidet sich von ihr vor der Kohabitation, während die Palme Fruchtansätze trägt, so hat er keinen Anspruch auf die Hälfte der Palme; der Kniff, um das zu erreichen, besteht darin, daß er sagt: „ich will meinen Anspruch auf die Hälfte der Palme ohne Teilung ausüben, und ihr mag der Ertrag dieser Ernte gehören, und ich erkläre sie von der Haftung für die Hälfte davon für frei und will warten, bis die Früchte geerntet werden"; dann steht ihm das nach der besseren Ansicht der Schule zu.

V 42 Es ist nicht zulässig, daß jemand sich eine Sklavin leiht, mit der ihm die Kohabitation gestattet sein soll; falls er aber einen Kniff anwendet und sie von ihrem Herrn als vorausbezahlten Preis für eine auf Grund eines Salam-Vertrages bis zu einem bestimmten Zeitpunkt zu liefernde Sklavin nimmt, wobei er ebendiese Sklavin beschreibt und ihre Eigenschaften aufzählt, die für die Preisbildung in Betracht kommen, ist das nach der besseren Ansicht der Schule ein gültiger Salam-Vertrag, und er erwirbt diese Sklavin zu Eigentum, nachdem er sie in Besitz genommen hat und die Kontrahenten sich getrennt haben, und die Kohabitation mit ihr ist ihm erlaubt; sobald aber der Termin herankommt, liefert er diese Slavin an den Käufer als Objekt des Salam-Vertrages, weil die ausbedungenen Eigenschaften an ihr vorhanden sind.

V 43 Gesetzt jemand fürchtet die Inkontinenz und besitzt die Mittel, um eine Freie zu heiraten; dann darf er sich nicht mit einer Sklavin verheiraten; falls er aber einen Kniff anwendet und sein Vermögen seinem Sohne schenkt, dann die Sklavin heiratet und darauf das Vermögen zurückfordert, bleibt die Ehe gültig und wird nicht etwa durch die Zurückforderung des Vermögens nichtig.

44 Der Ungläubige darf keinen muslimischen Sklaven kaufen, und wenn er es doch tut, erwirbt er nach der besseren Ansicht nicht das Eigentum an ihm; gesetzt aber ein Ungläubiger hat eine Kaffāra durch Freilassung zu leisten; wenn er in diesem Falle einen Kniff anwendet und einem Muslim sagt: „lasse deinen Sklaven als Kaffāra für mich frei gegen hundert Dirham", die er näher beschreibt, und der Eigentümer sagt: „ich lasse ihn hiermit frei", ist die Freilassung als Kaffāra für ihn gültig, und er muß die 100 Dirham bezahlen.

45 Gesetzt eine Frau ist zuweilen wahnsinnig und zuweilen bei Sinnen; nun will ihr Gatte mit ihr den Loskaufvertrag abschließen, fürchtet aber, man könnte bezeugen, daß die durch den Loskaufvertrag Geschiedene gerade wahnsinnig war, und es könnte ihn so nur die Scheidung ihr gegenüber verpflichten; in diesem Falle besteht der Kniff darin, daß er sagt: „sobald sie mich von der Brautgabe für frei erklärt, die ich ihr bei einer Scheidung zu zahlen hätte, die soundsoviel beträgt, ist sie geschieden"; dann sage sie: „ich erkläre ihn davon für frei"; wenn dann Zeugen bezeugen, daß sie zu jenem Zeitpunkt wahnsinnig war, tritt die Scheidung nicht ein, weil sie von einer Bedingung abhängig gemacht ist, nämlich dem Erfolgen der Erklärung, daß er frei sei; wenn sie demnach nicht erfolgt, tritt die Scheidung nicht ein.

46 Gesetzt jemand weiß, daß ein Zeuge ein Zeugnis zu seinen Lasten ablegen will und daß auf Grund dieses Zeugnisses gegen ihn entschieden werden wird; nun wendet er einen Kniff an und strengt gegen diesen Mann in der Öffentlichkeit einen Prozeß an; dann hat er ihm damit das Recht genommen, ein Zeugnis zu seinen Lasten ablegen zu können.

47 Gesetzt zwei Qullas Wasser sind durch Unreinigkeit äußerlich verändert worden; wenn jemand in diesem Falle einen Kniff anwendet und Staub hineinschüttet, wird nach der richtigen Ansicht alles Wasser rein, wenn seine äußere Veränderung aufhört; und ebenso wird es rein, wenn jemand Wasser hinzuschüttet, bis seine äußere Veränderung aufhört.

48 Gesetzt jemand hat zwei Gefäße, die jedes weniger als zwei Qullas Wasser enthalten, und in jede der beiden Wassermengen ist Unreinigkeit hineingefallen; wenn er in diesem Falle einen Kniff anwendet und eins in das andere gießt, bis beide Wassermengen zusammen fünf Qirba betragen, ist das ganze so gewonnene Wasser rein.

V 49 Gesetzt in einem Fasse ist Wein, nun wird der Wein zu Essig; dann ist dieser rein und nicht verboten, und auch das Faß ist rein, soweit es vom Essig berührt wird; soweit es aber über den Essig hinausragt, bleibt es unrein, weil es mit dem Wein in Berührung gekommen ist;

V 50 falls man nun einen Krug hineintaucht, um den Essig zu schöpfen, wird aller Essig unrein, weil er mit dem unreinen Teile des Fasses in Berührung kommt; falls man aber einen Kniff anwendet und das Faß unten an einer Stelle, durch die man den Essig auslaufen lassen kann, ohne daß er mit dem unreinen Teile in Berührung kommt, durchbohrt, wird der Essig nicht unrein, sondern bleibt rein.

V 51 Gesetzt jemand, für den der Ḥaǧǧ zulässigerweise durch einen Stellvertreter ausgeführt werden kann, mietet jemand, der für ihn den Ḥaǧǧ in einem bestimmten Jahre gegen bestimmten Lohn ausführen soll; wenn nun der Stellvertreter vor dem Anlegen des Iḥrām an der Ausführung des Ḥaǧǧ verhindert wird, ⟨bekommt er nichts⟩ von dem Lohne, sondern muß alles zurückgeben;

V 52 der Kniff, um zu erreichen, daß der Stellvertreter entsprechend seiner Leistung Lohn beanspruchen kann, besteht darin, daß der Mieter den Lohn entsprechend der Wegstrecke und der Ausführung der Gebräuche beim Ḥaǧǧ einteilt, also z. B. sagt: „der Lohn beträgt 100 Dīnāre, und zwar kann er beanspruchen von Amul bis Raii̯ 5 Dīnāre, und noch von Raii̯ bis Hamadān 10 und noch von Hamadān bis Baġdād 30 und noch von Baġdād bis Kūfa 40 und noch von Kūfa bis Maʿdin an-naq(i)ra 60 und noch von Maʿdin an-naq(i)ra bis Ḏāt ʿIrq 70, und noch von da an der Iḥrām und die Ausführung des Ḥaǧǧ und der ʿUmra gemäß den Bestimmungen dafür für 100"; wenn er in dieser Weise verfährt, kann der Stellvertreter, wenn er es unterwegs aufgibt, den entsprechenden Teil des Lohnes beanspruchen.

V 53 Gesetzt jemand mietet einen Stellvertreter, der für ihn in einem bestimmten Jahre den Ḥaǧǧ verrichten soll, zur Zeit, wo man mit den Zurüstungen zu ihm beginnt und die Vorbereitungen für ihn unternimmt, der Stellvertreter kommt aber in diesem Jahre zum Ḥaǧǧ zu spät; dann ist der Mietsvertrag nichtig, und der Stellvertreter braucht ihn für seinen Mieter in einem andern Jahre nicht nachzuholen; wenn er jedoch erst nach Annahme des Iḥrām merkt, daß er zu spät kommt, hat er die vorgeschriebenen Gebräuche für sich selbst zu verrichten und den Ḥaǧǧ dann im nächsten Jahre für sich selbst nachzuholen; wenn er aber mit Gewalt von der Kaʿba ferngehalten worden ist, so braucht er den Ḥaǧǧ nicht nachzuholen, gleichgültig ob es vor Annahme des Iḥrām geschehen ist oder nachher; und wenn er vor Annahme des Iḥrām den Entschluß gefaßt hat, den Ḥaǧǧ vielmehr für sich selbst auszuführen, so braucht er ihn nicht nachzuholen;

54 der Kniff, um zu erreichen, daß er zur kontraktmäßigen Ausführung des Ḥaǧǧ verpflichtet bleibt, besteht darin, daß er ihn mietet, um für ihn den Ḥaǧǧ zu verrichten, und ihn im allgemeinen, nicht in einem bestimmten Jahre, kontraktlich dazu verpflichtet; dann ist er zum Ḥaǧǧ kontraktlich verpflichtet und muß ihn ausführen, und wenn er in einem Jahre zum Ḥaǧǧ zu spät kommt, muß er ihn nachholen.

55 Gesetzt jemand stiehlt einem andern etwas und fürchtet sich vor ihm, zu sagen: „ich habe dir das gestohlen"; wenn er in diesem Falle einen Kniff anwendet und es ihm schenkt und übergibt, ist er nicht mehr haftbar dafür;

56 wenn er es ihm zu essen gibt, ohne daß er weiß, daß es ihm gehört, wird er ebenfalls nach der richtigeren der beiden Ansichten von der Haftung frei.

57 Gesetzt jemand, der wohlhabend ist, hat einen Sklaven im Teilbesitz mit einem andern zusammen und wünscht, seinen Anteil freizulassen; wenn er in diesem Falle einen Kniff anwendet und sein Vermögen, ausgenommen seinen Anteil an dem Sklaven, seinem Sohne schenkt und übergibt und dann seinen Anteil an dem Sklaven freiläßt, wird dieser Teil des Sklaven zu seinen Lasten frei, und er hat den Wert des Restes nicht zu erstatten, weil er arm ist; darauf kann er sein Vermögen von seinem Sohne zurückfordern, und die Freilassung bleibt doch auf den Anteil, den er freigelassen hat, beschränkt.

58 Gesetzt jemand besitzt einen Sklaven und außer ihm nichts und wünscht die Hälfte seines Sklaven freizulassen; wenn er nun die Hälfte von ihm freiläßt, wird er zu seinen Lasten ganz frei; falls er aber einen Kniff anwendet und die Hälfte des Sklaven seinem Sohne schenkt und übergibt und dann die andere ihm noch gehörende Hälfte freiläßt, wird nur dieser Teil des Sklaven frei; wenn er dann die andere Hälfte von seinem Sohne zurückfordert, bleibt die Freilassung doch auf die Hälfte beschränkt.

59 Gesetzt A gibt die Erklärung ab, daß B sein Bruder väterlicherseits ist, während sein Vater gestorben ist und außer ihm keinen Erben hinterlassen hat; darauf geben A und B die Erklärung ab,

daß C ein dritter Bruder ist; dann steht die Abstammung des C fest; falls nun der Dritte, C, einen Kniff anwendet und sagt: „B ist nicht mein Bruder, sondern er lügt", ist Widerspruch gegen die Abstammung des B erhoben, und er erbt nicht.

V 60 Gesetzt von fünf Personen hat eine sicher einen Ḥadaṯ erlitten, während jeder einzelne von ihnen glaubt, daß er den Ḥadaṯ nicht erlitten habe, und jeder von ihnen ist Imām bei je einer Ṣalāt, während die andern die Ṣalāt unter seiner Leitung verrichten, sodaß z. B. der erste die Ṣubḥ-Ṣalāt und der zweite die Ẓuhr-Ṣalāt und der dritte die ʿAṣr-Ṣalāt und der vierte die Maġrib-Ṣalāt und der fünfte die ʿAšāʾ-Ṣalāt als Imām verrichtet; dann muß jeder von ihnen die Ṣalāts wiederholen, die er unter Leitung eines andern verrichtete, aber nicht die, bei der er selbst Imām war; andere haben die Meinung geäußert: wer die ʿAšāʾ-Ṣalāt als Imām verrichtet, muß die Maġrib-Ṣalāt wiederholen, und die übrigen müssen die ʿAšāʾ-Ṣalāt wiederholen;

V 61 wenn sie aber einen Kniff anwenden und die ʿAšāʾ-Ṣalāt nicht unter dessen Leitung verrichten, der als Imām bei der ʿAšāʾ-Ṣalāt an der Reihe ist, brauchen sie keine Ṣalāt zu wiederholen, und nur der fünfte muß die Maġrib-Ṣalāt wiederholen;

V 62 wenn aber auch er einen Kniff anwendet und die Maġrib-Ṣalāt nicht unter der Leitung dessen, der für sie als Imām an der Reihe ist, verrichtet, braucht auch er keine Ṣalāt zu wiederholen.

V 63 Gesetzt jemand mietet etwas ein Jahr lang; nun geht das Objekt des Mietsvertrages innerhalb des Jahres ohne feindselige Handlung des Mieters zugrunde; dann haftet er nicht; falls es aber nach Ablauf des Jahres zugrunde geht, so gibt es in der Schule unter unsern Gefährten zwei Ansichten über die Frage, ob er haftet oder nicht;

V 64 der Kniff, um zu erreichen, daß er haftbar wird, besteht darin, daß der Vermieter es ihm einen Tag lang für die bestimmte Miete vermietet und ihm dann nach Ablauf des Tages sagt: „benutze es als Darlehen bis zum Ende des Jahres"; wenn es dann nach Ablauf dieses Tages zugrunde geht, ist er dafür haftbar.

V 65 Gesetzt jemand verleiht ein Feld, damit der Entleiher eine Zeitlang auf ihm Bauten aufführe, oder er vermietet ein Feld, damit der Mieter während eines bestimmten Zeitraums auf ihm Bauten aufführe oder auf ihm Bäume pflanze; dann kann er nach Ablauf dieses Zeitraums die Entfernung der Bauten oder das Ausreißen der Bäume von ihm nur verlangen, wenn er für den vollen Schaden aufkommt;

66 der Kniff, um zu erreichen, daß der Mieter oder der Entleiher sie entfernen muß, besteht darin, daß der Eigentümer ausbedingt, daß sie bei Ablauf des Zeitraumes entfernt werden müssen; wenn er das abmacht, muß der Mieter oder der Entleiher sie entfernen, ohne daß der Eigentümer des Feldes ihm etwas schuldig wird.

67 Gesetzt jemand besitzt 40 Schafe und muß ein Schaf als Zakāt entrichten, das er nicht unter die verschiedenen Klassen der Zakātempfänger verteilen kann; dann darf er es nicht schlachten, um sein Fleisch unter sie zu verteilen, und es auch nicht verkaufen, um den Preis unter sie zu verteilen, und ihnen auch nicht seinen Wert geben;

68 der Kniff besteht darin, daß er von jeder Klasse der Zakātempfänger drei oder mehr zur Stelle bringt und ihnen das Schaf übergibt oder sie auffordert, einen Bevollmächtigten zu ernennen, und es dem dann übergibt.

69 Gesetzt ein Vermögender gibt die Zakāt einem, den er für arm hält; in diesem Falle besteht der Kniff darin, daß er ausdrücklich feststellt, daß es Zakāt ist; wenn sich dann herausstellt, daß er reich war, darf er das, was er ihm übergeben hat, zurückverlangen; falls er das aber nicht feststellt, darf er es nicht zurückverlangen.

70 Falls jemand mit einer Frau Unzucht begeht, verwirkt er den Ḥadd; wenn er aber einen Kniff anwendet und sagt: „sie ist meine Gattin“, kann er nicht mit dem Ḥadd bestraft werden.

71 Gesetzt jemand heiratet eine Frau gegen 1000 Dirham und schließt mit ihr den Loskaufvertrag gegen diese 1000 ab, die der Gatte ihr nun schuldig ist; wenn das nach der Kohabitation geschieht, ist es gültig, und keiner hat gegen den andern irgendeinen Anspruch;

72 wenn es aber vor der Kohabitation geschieht, gibt es darüber in der Schule verschiedene Ansichten; eine davon ist folgende: dem Gatten stehen an sich die vollen 1000 auf Grund des Loskaufvertrages zu, er kann aber in Wirklichkeit von ihr nur die Hälfte der 1000, das sind 500, beanspruchen, weil sie durch den Loskaufvertrag ihm gegenüber eine Schuld von vollen 1000 eingegangen ist und beim Eintreten des Loskaufs vor der Kohabitation die Brautgabe in zwei gleiche Teile geteilt wird; wenn sie sich also gegen 1000 von ihm loskauft, so tritt der Loskauf dadurch gegen 1000 ein, und der Gatte kann von ihr die Hälfte der 1000 beanspruchen;

73 die zweite Ansicht in der Schule ist folgende: zur Zeit da der Loskaufvertrag gegen die 1000 abgeschlossen wird, gehört die Hälfte

davon dem Gatten und die andere Hälfte der Frau als Hälften der Brautgabe bei der Scheidung vor der Kohabitation, und der Fall liegt so, als ob sie sich von ihm gegen zweierlei losgekauft hätte, von denen das eine ihr gehört und das andere nicht; nun tritt die Scheidung ein, und hier gibt es zwei Ansichten; die eine ist folgende: die Angabe des Äquivalents für die Scheidung ist nichtig, und darüber, welchen Anspruch der Gatte in diesem Falle ihr gegenüber habe, gibt es zwei Ansichten, von denen die eine lautet: auf ihre Durchschnitts-Brautgabe, und die zweite: auf den Wert der 1000; und was die 1000 anlangt, die der Gatte als Brautgabe schuldig ist, so werden sie geteilt; die zweite Ansicht aber ist folgende: der Loskaufvertrag ist gültig, soweit er sich auf die 500 bezieht, die der Gattin gehören, und nichtig, soweit er sich auf die 500 bezieht, die dem Gatten gehören, und darüber, welchen Anspruch er in diesem Falle ihr gegenüber habe, gibt es zwei Ansichten, von denen die eine lautet: auf die Hälfte der Durchschnitts-Brautgabe, und die zweite: auf den Wert der Hälfte der festgesetzten Brautgabe von 1000 Dirham;

V 74 die dritte Ansicht in der Schule ist folgende: Der Loskauf ist mit dieser Abmachung gegen die ganzen 1000 eingetreten und ist gültig, nur daß die eine Hälfte davon an ihn auf Grund des Loskaufvertrages zurückfällt und die andere Hälfte auf Grund der Scheidung vor der Kohabitation; wenn die beiden Kontrahenten sich aber darüber äußern, wird gemäß ihrer Bestimmung verfahren;

V 75 der Kniff, um zu erreichen, daß er sie sich auf eine dazu gehörige Art loskaufen läßt, die keine gegenseitigen Ansprüche eintreten läßt, besteht darin, daß er sie sich loskaufen läßt gegen alles, was er ihr nach Abschluß des Loskaufvertrages schuldig ist; wenn sie in dieser Weise verfahren, tritt die Scheidung ein, und dem Gatten gehört die eine Hälfte der Brautgabe auf Grund der Scheidung vor der Kohabitation und die andere auf Grund des Loskaufvertrages;

V 76 gesetzt er läßt sie sich gegen 500 loskaufen, abgesehen von der Brautgabe, so ist der Loskaufvertrag gegen die Hälfte der in den früheren Fällen angenommenen 1000 gültig, und die Frau wird 500 schuldig auf Grund des Loskaufvertrages, und der Gatte ist ihr 500, nämlich die Hälfte der ausbedungenen Brautgabe, auf Grund der Scheidung vor der Kohabitation schuldig, und sie gleichen ihre gegenseitigen Forderungen aus.

V 77 Gesetzt jemand heiratet eine Frau gegen 1000 Dirham und verkauft ihr für die 1000 ein Haus; dann wollen sie den Loskaufvertrag abschließen; wenn sie in diesem Falle den Hauskauf rückgängig machen und dann den Loskaufvertrag wie angegeben abschließen, ist es gültig.

V 78 Gesetzt der Richter setzt einem Impotenten die Frist von einem Jahre, während die Frau bei Abschluß des Ehevertrages nicht mehr Jungfrau war, so wird nach Ablauf des Jahres ihre Ehe annulliert, wenn sie es verlangt; falls der Gatte aber einen Kniff anwendet und sagt: „ich habe die Kohabitation mit ihr ausgeübt", gilt seine Behauptung, wenn er sie beschwört, und ihre Ehe wird nicht annulliert;

V 79 wenn sie aber noch Jungfrau ist und das beweist, wird ihre Ehe annulliert, und er darf nicht verlangen: „schwöre, daß du Jungfrau bist"; falls er jedoch behauptet: „ich habe mit ihr die Kohabitation ausgeübt; dann ist sie physisch wieder Jungfrau geworden", muß sie ihre Behauptung beschwören, daß er die Kohabitation nicht ausgeübt habe, sondern ihre Virginität ursprünglich sei.

V 80 Gesetzt ein Wahnsinniger spricht den Īlā' aus, und wir sind der Ansicht, daß sein Īlā' gültig ist, so wird ihm die Frist gesetzt; wenn dann die Frist zu Ende ist, ohne daß er den Īlā' gebrochen hätte, wird er zur Scheidung gezwungen; falls er aber einen Kniff anwendet und sagt: „wenn ich gesund wäre, würde ich die Kohabitation mit ihr ausüben", wird ihre Ehe nicht annulliert.

V 81 Gesetzt jemand spricht gegen seine Frau eine redintegrierbare Scheidung aus, verreist dann und nimmt die Scheidung noch vor Ablauf der Wartezeit zurück; in diesem Falle besteht der Kniff darin, daß er die Zurücknahme bezeugen läßt, damit seine diesbezügliche Behauptung gelte, wenn er dann nach Ablauf der Wartezeit zurückkehrt; falls er das aber nicht bezeugen läßt und nach Ablauf der Wartezeit zurückkehrt und behauptet: „ich habe sie noch vor Ablauf der Wartezeit reklamiert", gilt seine Behauptung nach einer der beiden Ansichten nicht.

V 82 Gesetzt jemand ernennt einen Bevollmächtigten, um 1000 Dirham, die er schuldig ist, dem Gläubiger zu bezahlen, und der Bevollmächtigte bezahlt sie ihm auch; dann besteht der Kniff darin, daß er sich das bezeugen läßt; wenn er es sich aber nicht bezeugen läßt, . . .;

V 83 ebenso steht es, wenn er ihn beauftragt, etwas bei einem Dritten zu deponieren, der Bevollmächtigte es auch deponiert und es sich bezeugen läßt; wenn dann der Depositar leugnet, es in Empfang genommen zu haben, ist der Bevollmächtigte nicht haftbar; falls er es sich aber nicht bezeugen läßt, ist er haftbar; wenn der Mandant ihm aber die Ablieferung des Depositums an den Depositar bestätigt, ...

V 84 Gesetzt . . . „ . . . für den Verkauf eines Gegenstandes nach einem Monat“; wenn er in dieser Weise verfährt, ist die Vollmachtserteilung gültig.

V 85 Gesetzt jemand, der acht Gattinnen hat, tritt mit seinen Gattinnen zum Islām über, so wird er aufgefordert, vier von ihnen zu wählen; nun sterben, bevor er vier von ihnen wählt, vier nach ihrem Übertritt zum Islām; wenn er nun die vier am Leben Bleibenden wählt, beerbt er die Gestorbenen nicht; wenn er aber einen Kniff anwendet und sagt: „ich wähle die Gestorbenen“, beerbt er sie;

V 86 gesetzt er selbst stirbt, bevor er gewählt hat; dann muß jede mindestens drei Menstruationsperioden und mindestens vier Monate und zehn Tage Wartezeit halten; falls nun eine kommt und ihren Anteil an der Erbschaft verlangt, bekommt sie nichts; wenn aber fünf einen Kniff anwenden und zusammen kommen, bekommen sie $\frac{1}{4}$ des Achtels oder $\frac{1}{4}$ des Viertels, weil unter ihnen eine sein muß, die diesen Betrag zu beanspruchen hat.

V 87 Gesetzt jemand, der mit zwei Schwestern zu gleicher Zeit verheiratet war, tritt zum Islām über, und sie tun es ebenfalls; nun stirbt eine vor dem Gatten uud dann stirbt der Gatte, bevor er gewählt hat; dann hat die zweite kein Erbrecht, wohl aber erbt der Gatte von der ersten; denn man vertritt die Auffassung, daß die erste die Gattin gewesen ist, und diese Auffassung wird juristisch anerkannt nach der besseren Ansicht der Schule.

V 88a Gesetzt ein Unmündiger wird krank und wünscht jemand etwas zu schenken, so ist das nicht zulässig, sei es daß er stirbt oder genest; der Kniff besteht darin, daß . . . .

V 88b . . . . das ist nicht in seiner Anwesenheit geschehen.

V 89 Gesetzt jemand hat gegen seine Gattin eine redintegrierbare Scheidung ausgesprochen, und sie befindet sich nun in der Wartezeit; dann darf er ihre Schwester oder vier andere Frauen noch nicht heiraten; falls er aber einen Kniff anwendet und sagt: „diese Frau hat mir mitgeteilt, daß ihre Wartezeit zu Ende ist“, darf er das; sie behält jedoch den Anspruch auf Unterhalt und Wohnung, bis sie selbst erklärt, daß ihre Wartezeit zu Ende ist.

V 90 Gesetzt jemand ernennt einen Bevollmächtigten, um einem Dritten Geld zu bezahlen, und er bezahlt es ihm auch und zieht zwei

Zeugen heran; nun sterben die Zeugen und der Empfänger leugnet, es erhalten zu haben; falls der Bevollmächtigte in diesem Falle einen Kniff anwendet und dem Mandanten gegenüber behauptet: „du hast von mir nichts zu beanspruchen“, gilt seine Behauptung, wenn er sie beschwört; falls er aber behauptet: „ich habe es an N.N. in deinem Auftrage gezahlt“, gilt seine Behauptung über sein Recht nach der besseren Ansicht der Schule nicht.

91 Gesetzt jemand schwört und sagt zu seiner Frau: „wenn ich mit dir die Kohabitation ausübe, bist du dreimal geschieden“; wenn er dann die Kohabitation ausübt, tritt die Scheidung bei Beginn der Kohabitation ein, und er ist verpflichtet, sie abzubrechen; falls er sie aber zu Ende führt, verwirkt er den Ḥadd nicht und braucht auch nicht die Durchschnitts-Brautgabe zu zahlen; so lautet die bessere Ansicht der Schule;

92 falls er sie aber abbricht und dann eine neue Kohabitation vornimmt, verwirkt er den Ḥadd, wenn er weiß, daß das verboten ist, und wenn er es nicht weiß, nur die Durchschnitts-Brautgabe; der Kniff besteht aber darin, daß er, nachdem er sie abgebrochen hat, keine neue mehr vornimmt; und wenn er sie doch vornimmt und dann behauptet, er habe nicht gewußt, daß es verboten sei, verwirkt er den Ḥadd nicht.

93 Gesetzt ein Pfandnehmer übt mit einer Sklavin, die er zum Pfande genommen hat, die Kohabitation aus; dann wird der Ḥadd an ihm vollzogen; der Kniff, um die Vollziehung des Ḥadd zu verhindern, besteht darin, daß er behauptet,

94 er habe nicht gewußt, daß es verboten sei; dann wird der Ḥadd an ihm nicht vollzogen, wenn die Unwissenheit bei seinesgleichen entschuldbar ist.

95 Gesetzt jemand erklärt, Unzucht begangen zu haben; dann wird der Ḥadd an ihm vollzogen; falls er aber einen Kniff anwendet und seine Erklärung widerruft, wird der Ḥadd an ihm nicht vollzogen; und ebenso steht es mit jedem Ḥadd, den Allāh — er ist erhaben — allein zu fordern hat: wenn jemand eine Erklärung abgibt, auf Grund deren er an ihm vollzogen werden müßte, und sie dann widerruft, wird er an ihm nicht vollzogen.

96 Gesetzt eine Frau erklärt, daß die Brautgabe, die der Gatte ihr noch schuldig ist, einem Dritten gehört, so ist die Erklärung ungültig, und gesetzt es wird jemand verwundet, und der Verwundete erklärt, daß die Entschädigung, die er noch nicht erhalten hat, einem Dritten gehört, oder gesetzt es schließt jemand mit

seiner Gattin einen Loskaufvertrag ab und erklärt dann, daß das, was er zu fordern hat, einem Dritten gehört, so ist all das nach der besseren Ansicht der Schule ebenfalls ungültig;

V 97 gesetzt jedoch derjenige, der die Erklärung abgibt, sagt: „das gehört dem N.N. auf Grund einer gültigen Ḥawāla“, so verpflichtet ihn die Erklärung.

V 98 Gesetzt eine Kürbispflanze dringt in jemandes Topf ein, wächst in ihm auf und kann schließlich aus dem Topf nicht herausgezogen werden, ohne daß man eins von beiden zerbricht; dann besteht der Kniff darin, daß man das so läßt und beides zusammen jemand verkauft, um zu erfahren, welche Wertsteigerung eingetreten ist; diese Ansicht haben einige unserer Gefährten geäußert.

V 99 Ein Testamentsvollstrecker darf seinerseits keinen Testamentsvollstrecker ernennen, auch wenn der Testator es ihm anheimgestellt hat; so lautet die bessere Ansicht der Schule; der Kniff, um das zulässig zu machen, besteht darin, daß der Testator sagt: „ich ernenne dich hiermit zu meinem Testamentsvollstrecker und nach dir mache ich den N.N. zu meinem Testamentsvollstrecker“; wenn er sich in dieser Weise äußert, ist es gültig;

V 100 gesetzt er bevollmächtigt ihn . . . er wendet ihm das Drittel, über das er verfügen kann, als Legat zu, sodaß das mit seinem Tode nach der besseren Ansicht bindend wird;

V 101 gesetzt jemand wünscht seinen Sklaven freizulassen; falls er dies nun mit sofortiger Wirkung tun will, ist es ungültig; er lasse ihn jedoch für seinen Todesfall frei, sodaß er, wenn der Herr stirbt, nach dieser Ansicht frei wird.

V 102 Gesetzt jemand fällt vom Islām ab und kehrt dann wieder zu ihm zurück; nun kommt ein anderer und tötet ihn: dann wird an ihm der Qiṣāṣ vollzogen; falls er aber einen Kniff anwendet und sagt: „ich wußte nicht, daß er wieder zum Islām zurückgekehrt war“, kann nach der Ansicht einiger unserer Gefährten die Blutrache an ihm nicht vollzogen werden.

V 103 Gesetzt jemand hat das Recht, an einem andern den Qiṣāṣ zu vollziehen, und wünscht, einen Dritten zu bevollmächtigen, der für ihn den Qiṣāṣ in seiner Gegenwart vollziehen soll, so ist das zulässig; falls es aber in seiner Abwesenheit geschehen soll, ist es nach der besseren Ansicht ungültig.

V 104 Gesetzt zwei Leute beanspruchen ein Findelkind für sich, indem jeder von ihnen behauptet, es sei sein Sohn, und es sind auch keine Spürer zur Stelle, oder sie sind da, zweifeln aber, und man wartet nun, bis das Findelkind volljährig wird und seine Abstammung selbst bestimmt; gesetzt es stirbt nun einer der beiden Männer und der andere bleibt am Leben: wenn der Knabe in diesem Falle einen Kniff anwendet und sagt: „der Gestorbene ist mein Vater“, erbt er sein Vermögen; wenn er aber sagt: „der andere ist es“, erbt er nichts.

105 Gesetzt jemand beschuldigt seine Gattin der Unzucht, leugnet die Vaterschaft des Kindes und ist gewillt, den Liʿān auszusprechen, weiß aber, daß er, wenn er einmal den Liʿān ausgesprochen hat, diese Frau nie wieder heiraten kann, und fürchtet die Reue, weiß aber andererseits, daß, wenn er sich weigert, den Liʿān auszusprechen, der Ḥadd an ihm vollzogen wird und das Kind als sein Kind gilt; wenn er nun einen Kniff anwendet und sich von ihr vor dem Liʿān dreimal scheidet, so darf er sie, selbst wenn er den Liʿān ausgesprochen hat, unter gewissen Bedingungen nach der besseren Ansicht der Schule wieder heiraten, weil die Ehe in diesem Falle nicht durch den Liʿān aufgehoben worden ist, sondern durch die dreimalige Scheidung, und das Verbot der abermaligen Heirat mit ihr, das infolge der dreimaligen Scheidung eintritt, kann hinfällig werden, dagegen das, das infolge des Liʿān eintritt, nicht.

106 Gesetzt jemand schwört unter Strafe der dreimaligen Scheidung seiner Frau, er werde diese bestimmte Frischdattel nicht essen, darauf schwört er unter Strafe der Scheidung und sagt: „ich muß diese hierher Gelegte essen, sonst ist meine Frau dreimal geschieden“, wobei er auf diese Frischdattel zeigt; wenn er sie nun ißt, tritt die Scheidung ein, und wenn er sie nicht ißt, bis sie verdirbt, tritt die Scheidung ebenfalls ein; der Kniff besteht darin, daß er sie trocknet, sodaß sie zu einer Trockendattel wird, und sie dann ißt; so tritt die Scheidung nach der besseren Ansicht der Schule nicht ein.

107 Gesetzt jemand schwört, er werde diesen Käse nicht essen, darauf schwört er ein zweites Mal, er werde ihn essen; dann besteht der Kniff darin, daß er ihn auf Brot ißt; so begeht er nach der Ansicht einiger unserer Gefährten keinen Eidbruch.

108 Gesetzt jemand schwört unter Strafe der dreimaligen Scheidung, er werde diesem jungen Manne keinen Salām-Gruß entbieten, und sagt ferner: „wenn ich diesem jungen Manne keinen Salām-Gruß entbiete, ist meine Frau dreimal geschieden“; in diesem Falle besteht der Kniff darin, daß er ihm keinen Salām-Gruß entbietet, bis er ein Greis geworden ist, und ihm dann erst einen Salām-Gruß entbietet; so erfüllt er beide Eide.

V 109 Gesetzt jemand schwört, er werde diesem Muḥrim keinen Salām-Gruß entbieten, und schwört ferner, er werde diesem Manne einen Salām-Gruß entbieten, wobei er auf jenen Muḥrim zeigt; dann besteht der Kniff darin, daß er ihm einen Salām-Gruß entbietet, nachdem er den Iḥrām abgelegt hat; so erfüllt er beide Eide.

V 110 Gesetzt zwei Personen haben einen Kanal in gemeinsamem Eigentum und wünschen das Wasser zu teilen; wenn sie nun einen Kniff anwenden und das Wasser oberhalb des Feldes eines jeden von ihnen an einer Stelle aufhalten, von der aus nach geschehener Teilung jeder von ihnen sein Feld mit dem auf ihn entfallenden Wasser bewässern kann; darauf stellen sie an ihr ein oben und unten gerades Brett auf, wobei auch die Stelle des Kanals an den Seiten und in der Mitte eben sein muß; darauf bringen sie in dem Brett zwei gleich große Öffnungen an, wenn aber ihre Eigentumsanteile verschieden groß sind, dann nach deren Verhältnis; wenn sie so verfahren, ist die Teilung gültig;

V 111 und gesetzt sie sind mit abwechselnder Nutzung einverstanden, in der Art, daß der eine das Wasser nachts auf sein Feld leitet und der andere bei Tage, so ist das zulässig, jedoch können sie dazu nicht gezwungen werden, während sie zur oben behandelten Art von Teilung gezwungen werden können, wenn einer von ihnen sie verlangt.

V 112 Gesetzt fünf Personen bezeugen von einem Muḥṣan, daß er Unzucht getrieben hat, und er wird daraufhin gesteinigt; wenn dann alle auf einmal ihr Zeugnis widerrufen und aussagen: „wir haben mit Absicht die Unwahrheit gesagt“, wird an ihnen die Blutrache vollzogen; wenn aber einer von ihnen einen Kniff angewandt und sein Zeugnis widerrufen hat, bevor die andern es taten, geschieht ihm nichts, weil das Urteil ohnehin schon auf Grund des Zeugnisses der vier andern gültig gefällt worden ist.

V 113 Gesetzt drei Personen bezeugen zu Lasten eines Mannes, daß er seinen Sklaven freigelassen hat, und der Richter entscheidet auf Grund ihres Zeugnisses; wenn nun alle auf einmal ihr Zeugnis widerrufen, hat jeder von ihnen ein Drittel des Wertes des Sklaven an den Herrn zu zahlen; wenn aber zwei von ihnen einen Kniff anwenden und zusammen vor dem dritten widerrufen, hat jeder der beiden Widerrufenden nur ein Viertel des Wertes zu zahlen; wenn danach der dritte widerruft, hat er die Hälfte des Wertes zu zahlen; gesetzt aber die Zeugen sind acht an Zahl und sieben von ihnen widerrufen, so haben sie insgesamt nur die Hälfte des

Wertes, die unter sie in sieben Teile geteilt wird, zu zahlen; wenn dann der achte widerruft, muß er die ganze zweite Hälfte zahlen; und Allāh weiß es am besten.

VI 1 **Kapitel, in dem die mit der Fragestellung zusammenhängenden Kniffe erläutert werden.** Es gibt vier Arten von Kniffen, die mit der Fragestellung zusammenhängen; eine beruht darauf, daß nach zwei Fällen gefragt wird, deren juristische Beurteilung verschieden, deren äußerer Tatbestand aber derselbe ist, die zweite darauf, daß nach zwei Fällen gefragt wird, deren äußerer Tatbestand verschieden, deren juristische Beurteilung aber dieselbe ist, die dritte darauf, daß Fälle vorgelegt werden, bei denen der Befragte die verschiedenen Möglichkeiten auseinanderhalten muß, die vierte darauf, daß Fälle vorgelegt werden, deren sofortige Beurteilung dem Befragten schwer fallen soll; ich will nun Beispiele für jede Art geben, aber in Kürze, denn diese Schrift soll nur die Arten durch Beispiele erläutern, nicht alle möglichen Fälle aufzählen, denn diese sind unzählbar.

VI 2 Beispiel für die erste Gattung. Gesetzt jemand nimmt ein Stück Schnee und reibt damit sein Gesicht beim Wuḍūʾ ab, so ist das unzulässig, reibt er dagegen seinen Kopf damit ab, so ist es zulässig, falls der Kopf damit benetzt wird; der äußere Tatbestand ist in beiden Fällen derselbe, aber die juristische Beurteilung verschieden, und der Unterschied zwischen beiden Fällen ist folgender: für das Gesicht ist die Waschung vorgeschrieben, nun ist das Abreiben aber keine Waschung und ist also unzulässig; der Kopf aber wird in unserm Falle abgerieben, und so ist es auch vorgeschrieben; daher ist es zulässig.

VI 3 Gesetzt jemand zieht einen Schuh über einen andern an; wenn in diesem Falle der untere an irgendeiner Stelle am Fuße eine Öffnung hat, ist das Bestreichen des oberen zulässig; wenn der untere aber ganz ist, ist es nicht zulässig; der Unterschied zwischen beiden Fällen ist folgender: wenn der untere Schuh ganz ist, ist der obere über einen seinerseits dem Körper aufliegenden gezogen; daher ist es nicht zulässig, ihn zu bestreichen; wenn der untere dagegen am Fuße eine Öffnung hat, ist der obere nicht über einen seinerseits dem Körper aufliegenden gezogen, sondern unmittelbar über den Körper; daher ist es zulässig, ihn zu bestreichen.

VI 4 Gesetzt jemand verliert etwas von der zum Wuḍūʾ nötigen Menge Wasser; dann muß er zuerst soviel Wasser anwenden, wie er kann, und darf dann erst Sand gebrauchen; falls er aber an einem seiner

Glieder eine Wunde hat, von der er Wasser fernhalten muß, kann er wählen, ob er die Abreibung mit Sand vor oder nach der Waschung der gesunden Glieder vornehmen will; der Unterschied zwischen beiden Fällen ist folgender: im ersten Falle wird die Anwendung von Sand wegen des Mangels von Wasser gestattet, ist also erst zulässig, nachdem das Wasser, das, weil vorhanden, benutzt werden kann, auch wirklich verbraucht ist, und kann durch den Mangel erst nach seinem Verbrauch gerechtfertigt werden; im zweiten Falle wird dagegen die Anwendung von Sand vor der des Wassers gestattet, weil sie der Zwangslage wegen zulässig ist, die ihrerseits in jedem Falle vorliegt; also kann sie vorgenommen werden, gleichgültig ob das Wasser schon verbraucht ist oder noch nicht.

VI 5 Gesetzt ein Imām ist dabei, eine Rakʿa zu verrichten, rezitiert die Fātiḥa, geht zum Rukūʿ über, verweilt in ihm, während er die üblichen Formeln bis zu Ende rezitiert, und richtet sich aus dem Rukūʿ auf, nachdem er sie zu Ende rezitiert hat; jetzt bemerkt er, daß er einen sinnändernden Sprachfehler begangen hat; wenn nun der Sprachfehler in dem Teil der Rezitation liegt, die der Imām vor dem Rukūʿ verrichtet, muß er mit der Rezitation von dort noch einmal anfangen; wenn er aber in dem Teil der Rezitation liegt, die der Imām nach dem Rukūʿ verrichtet, braucht er die Rezitation nicht zu wiederholen; der Unterschied zwischen beiden Fällen ist folgender: wenn der Sprachfehler nach dem Rukūʿ des Imāms liegt, hat er das betreffende Stück gleichsam überhaupt nicht rezitiert, nun ist die Rezitation dieses Stückes aber nicht seine Pflicht; wenn der Sprachfehler dagegen vor dem Rukūʿ liegt, hat er ebenfalls das betreffende Stück gleichsam überhaupt nicht rezitiert, während er zur Rezitation dieses Stückes verpflichtet ist; daher muß er es noch einmal rezitieren.

VI 6 Gesetzt jemand verrichtet die Ẓuhr- und die ʿAṣr-Ṣalāt zusammen zur Zeit des Ẓuhr; dann ist es nicht zulässig, die ʿAṣr-Ṣalāt vor die Ẓuhr-Ṣalāt zu stellen, und ebensowenig, zwischen ihnen eine längere Pause eintreten zu lassen; wenn er aber beide zur Zeit des ʿAṣr zusammen verrichtet, ist es zulässig; der Unterschied zwischen beiden Fällen ist folgender: wenn er beide zur Zeit des Ẓuhr zusammen verrichtet, muß die ʿAṣr-Ṣalāt sich der Ẓuhr-Ṣalāt anschließen; wenn er also die Ẓuhr-Ṣalāt noch nicht verrichtet hat, kommt es darauf hinaus, daß er das sich Anschließende vor das stellt, an das es sich anschließt, daher ist das unzulässig; wenn er aber beide zur Zeit des ʿAṣr zusammen verrichtet, braucht sich die ʿAṣr-Ṣalāt nicht an die Ẓuhr-Ṣalāt anzuschließen, und deshalb darf er sie voranstellen.

I 7 Gesetzt zwei Leute sind gemeinsam Eigentümer eines Sklaven, und beide sind wohlhabend; nun sagt der eine zum andern: „wenn du deinen Anteil an dem Sklaven freigelassen hast, dann ist mein Anteil frei"; nun läßt der andere seinen Anteil frei; dann wird er ganz frei zu Lasten ebendieses Freilassers; falls er aber sagt: „wenn du deinen Anteil freiläßt, dann ist mein Anteil zugleich mit der Freilassung deines Anteils frei" und sein Mitbesitzer ihn nun freiläßt, wird er zu beider Lasten in zwei Hälften frei; der Unterschied zwischen beiden Fällen ist folgender: im ersten Falle geht gemäß unserer Voraussetzung die Freilassung des einen der des andern voraus, während im andern Falle beide zusammen eintreten; daher sind sie verschieden.

I 8 Gesetzt jemand sagt zu einem andern: „wenn du mich nicht tötest, töte ich dich" und zückt gegen ihn sein Schwert; wenn er ihn in diesem Falle tötet, wird der Qiṣāṣ an ihm nicht vollstreckt; gesetzt aber er sagt: „wenn du den N.N. nicht tötest, töte ich dich" und er tötet den N.N., wird der Qiṣāṣ nach der richtigeren der beiden Ansichten an ihm vollstreckt; der Unterschied zwischen beiden Fällen besteht darin, daß im ersten Falle eine Erlaubnis zur Tötung seiner selbst vorliegt; daher wird der Qiṣāṣ nicht vollzogen.

I 9 Gesetzt jemand verrichtet die Ẓuhr- und die ʿAṣr-Ṣalāt zusammen zur Zeit des Ẓuhr und sagt dann: „ich habe eine Siǧda von einer Ṣalāt vergessen, weiß aber nicht, von welcher"; dann muß er die Ẓuhr- und die ʿAṣr-Ṣalāt an den für sie bestimmten Zeiten wiederholen, und ihre Zusammenlegung zur Zeit des Ẓuhr ist für ihn unzulässig; falls er aber beide zur Zeit des ʿAṣr zusammen verrichtet und dann sagt: „ich habe eine Siǧda vergessen", muß er beide wiederholen, aber ihre Zusammenlegung ist zulässig; der Unterschied zwischen beiden Fällen ist folgender: es ist möglich, daß im ersten Falle die unterlassene Siǧda zur Ẓuhr-Ṣalāt gehörte, dann ist weder die ʿAṣr- noch die Ẓuhr-Ṣalāt gültig, und zwar die Ẓuhr-Ṣalāt, weil ihre eine Siǧda ausgelassen wurde, und die ʿAṣr-Ṣalāt ist nur gültig, wenn ihr die Ẓuhr-Ṣalāt vorausgeht, was hier nicht der Fall ist, da die Ẓuhr-Ṣalāt ungültig ist; ihre Zusammenlegung aber zur Zeit des Ẓuhr bei der Wiederholung ist deshalb ungültig, weil es möglich ist, daß die vergessene Siǧda zur ʿAṣr-Ṣalāt gehörte; dann wäre die Ẓuhr-Ṣalāt gültig und die ʿAṣr-Ṣalāt ungültig gewesen, und es wäre dann eine Pause eingetreten zwischen der schon beim ersten Male gültig verrichteten Ẓuhr-Ṣalāt und der erst bei der Wiederholung vollständigen ʿAṣr-Salāt; daher ist die Zusammenlegung der Ẓuhr-Ṣalāt mit ihr ungültig; denn die ʿAṣr-Ṣalāt kann zwar im allgemeinen mit der Ẓuhr-Ṣalāt zur Zeit des Ẓuhr in gültiger Weise zusammengelegt werden, wenn aber zwischen ihnen eine Pause eingetreten ist, nicht.

VI 10 Erstes Beispiel für die zweite Gattung — und Allāh weiß es am besten —. Gesetzt ein muslimischer Sklave tötet einen freien Ḏimmī, so wird er nicht getötet; gesetzt aber dieser Ḏimmī tötet ihn seinerseits, so wird auch an ihm der Qiṣāṣ nicht vollstreckt; beide Fälle sind dem äußeren Tatbestande nach verschieden, aber in der juristischen Beurteilung gleich, denn keiner wird wegen der Tötung des andern getötet, weil der eine vor dem andern den Vorzug der Freiheit besitzt und der andere den des Islām.

VI 11 Gesetzt ein Ehemann ist kastriert, und seine Frau ist wegen abnormer Fleischbildung der Vagina nicht beischlafsfähig; dann kann keiner von ihnen die Annullierung der Ehe verlangen.

VI 12 Gesetzt jemand verrichtet einen Wuḍūʾ und dann eine Ṣalāt; darauf tritt an ihm ein Ḥadaṯ ein, und er zweifelt nun, ob er bei jenem Wuḍūʾ seinen Kopf abgerieben habe oder nicht; in diesem Falle braucht er die Ṣalāt nicht zu wiederholen; und gesetzt jemand fastet und zweifelt dann, nachdem die Nacht gekommen ist, ob er zum Fasten die Nīja formuliert habe oder nicht, so schadet es ihm nicht, weil er in beiden Fällen schon aus dem Zustand, auf den sich der Zweifel bezieht, herausgetreten ist; wenn ihm aber der Zweifel noch während des aus dem Wuḍūʾ resultierenden Zustandes der Reinheit vor dem Ḥadaṯ aufsteigt, muß er den Wuḍūʾ und die Ṣalāt nach der besseren Ansicht der Schule wiederholen, und Entsprechendes gilt, wenn ihm der Zweifel vor Abschluß des Fastens aufsteigt.

VI 13 Gesetzt ein Mann schneidet das männliche Glied einem Hermaphroditen ab, dessen Geschlecht ungewiß ist, so wird sein männliches Glied nicht abgeschnitten; und wenn der Attentäter ebenfalls ein Hermaphrodit ist, dessen Geschlecht ungewiß ist, wird es ihm gleichfalls nicht abgeschnitten, weil es möglich ist, daß der Attentäter männlich ist und der Verwundete weiblich.

VI 14 Gesetzt jemand verwundet einen andern am Kopf bis auf den Knochen, so daß die Wunde eine Spanne lang ist, und der Verwundete verwundet seinerseits den Vater des Attentäters am Kopf bis auf den Knochen, sodaß die Wunde eine Fingerbreite lang ist, und sein Vater stirbt darauf, wobei er ihn beerbt; in diesem Falle kann jeder an dem andern den Qiṣāṣ vollziehen; wenn aber beide auf den Qiṣāṣ verzichten, ist jeder dem andern die Hälfte des Zehntels der Dija, das sind fünf Kamele, schuldig; wenn sie in diesem Falle ihre beiderseitigen Forderungen ausgleichen, ist es zulässig; der äußere Tatbestand ist bei beiden Verwundungen verschieden, die juristische Beurteilung beider Fälle aber dieselbe.

15 Beispiel für die dritte Gattung. Wenn jemand folgenden Fall vorlegt: gesetzt es erscheint der Vater eines Verstorbenen, dessen übrige Erben unbekannt sind, und verlangt seinen Anteil an der Erbschaft; wieviel bekommt er?, dann muß der Befragte sagen: wenn der Verstorbene ein Mann ist, $\frac{4}{27}$, und wenn der Verstorbene eine Frau ist, $\frac{2}{15}$, weil dies das Mindestmaß dessen ist, was der Vater in beiden Fällen zu beanspruchen hat, und der Befragte darf nicht ohne Einschränkung einen der beiden Brüche nennen, sondern muß erst unterscheiden.

16 Gesetzt jemand stirbt und hinterläßt drei weibliche Nachkommen in verschiedenen Schichten, deren Verwandtschaft mit ihm durch männliche Nachkommen vermittelt wurde und von denen die ihm am nächsten Stehende noch einen Großvater väterlicherseits hat; dann hat der Befragte zu antworten: wenn der Verstorbene ein Mann ist, ist die Frage widersinnig, weil er dann selbst der Großvater der ihm am nächsten Stehenden ist; wenn der Verstorbene aber eine Frau ist, kann der Großvater der ihr am nächsten Stehenden der Gatte der Verstorbenen sein; dann bekommt er ein Viertel, wenn er sich nicht von ihr geschieden hat und ihm nicht der Rest der Erbschaft zugefallen ist, und die am nächsten stehende Deszendentin bekommt die Hälfte und die mittlere $\frac{1}{6}$, sodaß beide zusammen $\frac{2}{3}$ erhalten.

17 Gesetzt jemand ist gestorben und hat beide Eltern und zwei Töchter hinterlassen; nun stirbt noch vor Teilung der Erbschaft eine Tochter und hinterläßt keine weiteren Erben; die Antwort darauf ist folgende: wenn der Verstorbene ein Mann ist, wird sein Nachlaß in sechs Teile geteilt und die Eltern bekommen zusammen zwei Teile und jede Tochter zwei Teile; wenn dann eine Tochter stirbt, hinterläßt sie Großvater und Großmutter väterlicherseits und eine Schwester; dann wird ihr Nachlaß ebenfalls in sechs Teile geteilt, und so kommen Achtzehntel vom Nachlasse des zuerst Gestorbenen heraus; wenn der Verstorbene aber eine Frau ist, wird ihr Nachlaß ebenfalls in sechs Teile geteilt; dann stirbt eine Tochter, so-

daß zwei Teile frei werden, und hinterläßt eine Schwester und Großvater und Großmutter mütterlicherseits; dann bekommt der Großvater nichts, und hierbei wird der Nachlaß wieder in sechs Teile geteilt; dann wird die Hälfte von sechs, nämlich die durch zwei gekürzte Anteilzahl des Nachlasses der verstorbenen Tochter mit der vollen Anteilzahl sechs des Nachlasses der zuerst Gestorbenen multipliziert; so kommen Achtzehntel vom Nachlasse der zuerst Gestorbenen heraus.

VI 18 Die vierte Gattung. Gesetzt ein Mann stirbt und hinterläßt männliche und weibliche Erben, und seine Erbschaft beträgt 600 Dīnāre; nun entfällt auf einen der Erben ein Dīnār; welcher Fall liegt vor? Die Antwort darauf ist folgende: das geschieht, wenn ein Mann stirbt und eine Gattin, eine Großmutter, zwei Töchter, zwölf vollbürtige Brüder und eine vollbürtige Schwester hinterläßt; dann geschieht die Teilung zur Befriedigung der qur'ānischen Erben nach Vierundzwanzigsteln, und zur Verfügung stehen 600 Dīnāre; dann bekommt die vollbürtige Schwester einen Dīnār von 600.

VI 19 Gesetzt man legt die Frage vor: in welchem Fall kann es vorkommen, daß ein Mann 17 weibliche Erben hinterlassen hat, von denen jede $\frac{1}{17}$ bekommt? Die Antwort muß lauten: das ist der als „Umm al-arāmil" bekannte Fall, wenn nämlich jemand stirbt und drei Gattinnen, zwei Großmütter, vier Schwestern mütterlicherseits und acht vollbürtige Schwestern hinterläßt; dann müßte die Teilung der Erbschaft nach Zwölfteln geschehen, die aber auf Siebzehntel herabgesetzt werden, wobei auch die Anzahl der Erbinnen 17 beträgt; dann bekommt jede von ihnen $\frac{1}{17}$ der Erbschaft und keine mehr als die andern.

VI 20 Folgendermaßen spricht der Šaiḫ und Imām abū Ḥātim Maḥmūd ibn al-Ḥasan al-Qazwīnī: die Kniffe sind so umfangreich, daß niemand sie alle gedächtnismäßig festhalten kann; ich habe hier wenige von ihnen niedergelegt, da mich jemand darum bat, den ich nicht zurückweisen konnte; diese geringe Anzahl diene nun zum Hinweis auf ihresgleichen für die Rechtsgelehrten, und sie mögen sich dadurch auf andere derartige aufmerksam machen lassen; und Allāh ist es, der zum Richtigen die Kraft gibt; der Preis sei Allāh allein, und Allāh segne unsern Herrn Muḥammad und seine Familie und seine Genossen und gebe ihnen reiches Heil.

Anmerkungen.

Anmerkungen.

I 1 Juynboll 60.

I 2 kaḏā Schreiberglosse cf. IV 39; V, 8.

II 1 Von hier an wird das nicht selten, meist am Paragraphenanfang, auftretende qāla (er spricht) in der Übersetzung weggelassen. Hier und in allen ähnlichen Fällen ist mit „Kohabitation“ die erste Kohabitation in der Ehe gemeint. — Juynboll 224. 233. Sachau 108, 14. — Sachau 41, 20. — Juynboll 300 Anm. 1, anders Sachau 845, 24; zum Iḫtilāf Dimašqī II 144.

II 2 Sachau 40, 27.

II 3 Juynboll 210. 220. Sachau 29, 28. — Juynboll 219. Sachau 31, 28. Die Erklärung oder das Anerkenntnis (Iqrār) ist ein beliebtes Mittel zur Herbeiführung von Rechtsfiktionen, auf denen bei Šāfi'iten wie bei Ḥanafiten viele Kniffe beruhen, da sie unter gewissen Voraussetzungen eine Tatsache ohne weiteres als bewiesen erscheinen läßt; cf. Juynboll 192f. 314 (allerdings hat auch sie ihre Grenzen cf. V 96). Das Verbotene des Kniffes liegt wie bei II 11 in der Lüge.

II 4 Juynboll 234.

II 5 Der Beklagte beansprucht durch seine Behauptungen für sich Zubilligung der bona fides (Juynboll 194. 293; Entsprechendes gilt aber i. a. überhaupt von den Ḥudūd (Snouck Hurgronje 194ff.), und die Strafe ist in unserem Falle ein Ḥaqq Allāh: Juynboll 292. 306), im ersten Falle hinsichtlich des Objektes (Sachau 826, 23ff.), im zweiten hinsichtlich der angemessenen Verwahrung, im dritten auf einem Umwege hinsichtlich des Objektes, da Sklaven kein Eigentumsrecht haben, vielmehr alles, was sie erwerben, Eigentum ihres Herrn wird (Juynboll 204); cf. V 25. Selbst bei Beweis des Gegenteils wird der Ḥadd nicht vollzogen.

II 6 Niemand kann für einen andern schwören, auch der Vater nicht für seinen minderjährigen Sohn, dessen Walī (Juynboll 198) er ist, und der Sohn kann als Minderjähriger nicht schwören (Juynboll 196). Es treten also die Rechtsfolgen nicht ein, die eine Verweigerung des Eides nach sich ziehen würde. Ganz ebenso bei den Ḥanafiten: Ḫaṣṣāf 23, 2. 18. 19; 83, 14.

II 7 Der Beklagte behauptet, seiner Pflicht zu schwören schon genügt zu haben, der Kläger leugnet es; darüber findet nun ein Nebenstreit statt, wobei der Beklagte des Hauptverfahrens der Kläger und der Kläger des Hauptverfahrens der Beklagte ist; dieser muß, da kein Beweis vorhanden, zunächst schwören. Theoretisch ist dieser Kniff einwandfrei gebaut, praktisch aber — im Gegensatz zu II 6 — ganz bedeutungslos.

II 8 Die Handschrift bietet: ... Kniff an und gibt ihm ein Heilmittel, mit dem er dann seine Wunde heilt, oder legt...: das paßt als erlaubter Kniff nicht in das Kapitel (II 7 als Anhang zu II 6 ist anders) und ist wohl von einem Leser eingefügt, der das ihm zu Unrecht (cf. nur II 9) anstößige Verfahren etwas mildern wollte. Das ius talionio tritt in diesen Fällen nicht ein, weil keine vorsätzliche Tötung vorliegt, bei der allein Talion stattfinden kann (entsprechend beim Diebstahl: Sachau 827, 1); allerdings ist die Sache nicht unbestritten (Dimašqī erwähnt im Kapitel über die Ǧanāįāt keinen Iḫtilāf).

II 9 Sachau 775, 30. 36; cf. IV, 85. Der Grund liegt darin, daß das Kind, der Bluträcher seiner Mutter, seinen Vater nicht töten soll; daher verfällt die Forderung des Qiṣāṣ für die Mutter der Gattin nur dann, wenn sie der Gattin selbst zustand, nun also auf den Sohn übergehen würde; daher ist die Lesung walā ʿaṣaba lilmaqtūla notwendig, da die ʿaṣaba ja vor der Tochter zur Blutrache berufen sind.

II 10 Es ist einhellige Schulansicht der Ḥanafiten, daß die Frau erbt, wenn die endgültige Scheidung während der Krankheit des Gatten erfolgte, abgesehen von Ausnahmefällen cf. Futawa Alemgiri Vol. I (reprinted 1842) 638. In der šāfiʿitischen Schule sind zwei Ansichten vertreten, von denen die mit den Ḥanafiten übereinstimmende dem al-Qazwīnī als die bessere gilt (V 1. 2; andere bestreiten es: Jus Shafiiticum 224, 18), hier aber der andern zum Siege verholfen werden soll. Als Hilfe tritt die durch eine Erklärung vermittelte Rechtsfiktion ein, da eine solche Erklärung auch von seiten eines Kranken nach allgemeiner Ansicht gültig ist (Krankheit hier immer im Sinne der Krankheit, die sich als tödlich herausstellt). Der Kranke ist nur beschränkt verfügungsberechtigt.

II 11 Das Verbotene bei diesen Kniffen liegt in der Lüge, im Gegensatz zu III 1. 2. Die Behauptungen des Inhabers können nicht widerlegt werden. In sein Privateigentum übernehmen = nicht mehr zum Handel verwenden wollen, ein Entschluß, der jederzeit rückgängig gemacht werden kann. Cf. noch Sachau 727, 29.

II 12 Juynboll 122; Jus Shafiiticum 66, 7. „Und ißt", scil. vorsätzlich, da nur ein solches Essen das Fasten bricht; cf. Snouck Hurgronje 133, besonders Note 2, und 135. Ist das Fasten einmal auf irgendeine Weise gebrochen, so ist der Betreffende für den Rest des Tages der Fastenpflicht vollkommen ledig und kann dann auch die Kohabitation ungestraft ausüben.

II 13 In der Lücke war geschildert, wie er des Iḥrām ledig werden kann; über die beiden Ansichten aš-Šāfiʿīs betreffend die Nachholungspflicht cf. Dimašqī I 165; cf. IV 1. 2, V 53.

II 14 A übergibt dem B den Betrag der Schuld etwa als Depositum vor zwei Zeugen und kann ihn später zurückfordern. Ein Meineid liegt nicht vor, weil er dem B den Betrag der Schuld materiell übergeben hat, wenn auch in Ausführung eines ganz andern Rechtsgeschäftes (cf. V 55f.); das Verbotene besteht darin, daß er B um sein Recht bringt (vorausgesetzt ist, daß B keine Zeugen hat). Zum Eid bei der Ehescheidung cf. Juynboll 269 Anm. 1. Sachau 730, 25; daß man sich an letztere Bestimmung in der Praxis nicht gehalten hat, ist selbstverständlich.

III 1 Cf. II 11. Widerruf von Schenkungen Sachau 633, 9.

III 2 Cf. II 11.

I 3 al-Qazu̯īnī spricht als Richter und Vertreter der Obrigkeit in der ersten Person. Der Eid wird geleistet, um festzustellen, ob der Schuldner, der für sich den iʿsār beansprucht, d. h. behauptet, daß er zur Bezahlung nicht imstande sei (cf. IV 58, V 19), dazu wirklich nicht imstande ist. Im zweiten Fall ist vorausgesetzt, daß die Frau es ihm später zurückerstattet. Cf. Sachau 731, 12.

I 4 Zunächst handelt es sich allgemein darum, ein Zeugnis zu vereiteln, so auch V 46; dann wird durch die Annahme einer Erfüllung der Verpflichtung, von der die Zeugen nichts wissen und die der Schuldner auch nicht beweisen kann, das Billigkeitsmoment hereingebracht. Infolge des Kniffes werden die Zeugen, da sie nunmehr in einem andern Rechtsstreit Gegner der einen Partei sind, nicht mehr als unbefangen angesehen; cf. IV 74. Mißbilligt wird die Erschwerung des Beweises des Gegners sowie die unbegründete Klage.

V 1 Cf. II 13; V 53. Jus Shafiiticum 73, 3 (cf. auch 75, 17). Der durch die Bestimmung des Iḥrām für den Ḥaǧǧ offiziel begonnene Ḥaǧǧ muß zu Ende geführt werden, wenn er auch des Zuspätkommens wegen ungültig ist; im nächsten Jahre muß dann der Ḥaǧǧ gültig nachgeholt werden. Das Opfertier ist bei der Ablegung des Iḥrām zu schlachten.

V 2 Cf. II 13, V 53. Juynboll 144. Wenn er weder Ḥaǧǧ noch ʿUmra beabsichtigt, erübrigt sich die Annahme des Iḥrām am Mīqāt. Kommt er dann nach ʿArafa zu spät, ist er zu nichts verpflichtet, weil er den Ḥaǧǧ nicht offiziell begonnen hat.

V 3 Circulus legalis; Jus Shafiiticum 220, 11; cf. Sachau 194, 4. Ebenso beim Ẓihār und Īlāʾ (IV 47) und entsprechend beim Verkauf (IV 48).

V 5 Cf. Ḫaṣṣāf 58, 5f.

V 6 Cf. Wüstenfeld II Nr. 71. Parallele Ḫaṣṣāf 59, 8f. Vgl. V 30—35. 106—109.

10 Zum ersten Fall cf. auf ḥanafitischer Seite Ḫaṣṣāf 41, 2.

11 In den Schlußworten wird die Verfügung für den Todesfall mit der Verfügung des Kranken gleichgesetzt; für beide gelten die gleichen Bestimmungen; durch den Kniff wird aus dem Tadbīr (Freilassung für den Todesfall) ein an einen Termin innerhalb der Gesundheit des Herrn geknüpfter ʿItq (Freilassung [zur Zeit der Gesundheit]), für den jene Beschränkung nicht gilt. Zum Iḫtilāf über alle hierher gehörigen Fragen cf. Ṭabarīʾs iḫtilāf al-fuqahāʾ ed F. Kern (Kairo 1320) I 1ff. Cf. Sachau 148, 21.

12 Gemeint ist im ersten Falle, daß die Leiter mit der sich an ihr festhaltenden Frau so umgedreht wird, daß das obere Ende nach unten kommt und umgekehrt; wenn dann die Frau, nachdem sie sich mit der nötigen Gewandtheit aufgerichtet hat, hinaufsteigt, steigt sie doch nicht auf der Leiter in dem Sinne hinauf, wie der Mann geschworen hatte, usw. Die praktische Durchführbarkeit spielt hierbei keine Rolle; ein dritter, ebenso brauchbarer Kniff wäre der, daß die Frau von der Leiter herabspringt.

13 Hier ist natürlich wie in allen ähnlichen Fällen in der Regel die dreimalige Scheidung gemeint. Dieser Kniff gehört ebenso wie der folgende dem Grenzgebiet zwischen juristischen und physikalischen Kniffen an, ja ist seinem Wesen nach rein physikalisch, und das Juristische ist nur Einkleidung.

Zu den Kniffen IV 13 und IV 14 stellt mir Herr Geheimrat Wiedemann folgende Bemerkungen zur Verfügung: „Ein Trick, wie ihn al-Qazu̯īnī beschreibt, ist mir bisher nicht begegnet. In dem Werk der banū Mūsā über die ḥiu̯al findet er sich nicht, auch gehört er dort nicht hin; auch bei al-Ǧaubarī findet sich nichts Ähnliches, auch nicht bei az-Zarḫūrī. Ich denke, er wird irgendeiner der Anekdotensammlungen entnommen sein, die sich auf Mathematiker und Astronomen beziehen und von denen uns wenigstens Titel erhalten sind.

Es handelt sich um Fragen, die mit der Volumenbestimmung und dem Schwimmen nach dem Archimedischen Prinzip zusammenhängen; diese haben weitere Kreise der muslimischen Gelehrten, nicht nur die reinen Fachgelehrten, beschäftigt.

Zu IV 13: Man hat es hier wohl mit einem Gedankenversuch zu tun. Bei dem großen Querschnitt der Beine und damit demjenigen des Gefäßes einerseits und dem kleinen Volumen des Ringes, von dem stillschweigend vorausgesetzt wird, daß er aus Eisen besteht, andererseits kann nur eine kleine Senkung der Wasseroberfläche beim Hinaufschieben eintreten; dann muß aber die ganze Bestimmung sehr ungenau werden. (Ich finde unter der Annahme, daß der Ring 1 Kilo wiegt, also ein Volumen von etwa 125 ccm hat und das zylindrische Gefäß etwa 25 cm breit ist, eine Senkung von 2—3 Millimetern.)“

IV 14 Cf. zu IV 13.

IV 15 Cf. Sachau 293, 14—29; die 293, 28 verlangte Entschädigung für den neu hinzugekommeuen Mangel kommt bei diesem Kniff in Wegfall, da das Getreide hier als fungibles Objekt (dain) [cf. van den Berg 48] gilt, also ohne den neu hinzugekommenen Mangel zurückgegeben werden kann. Die Entschädigung für den hinzutretenden Mangel bei Sachau ist kein Wucher (Ribā), weil es sich dabei um Rückgängigmachung eines Kauf- oder Tauschvertrages unter Ersatz eines angerichteten Schadens handelt, die übrigens mit dem Abschluß eines neuen Kauf- oder Tauschvertrages mit vertauschten Objekten nicht gleichbedeutend ist (auch IV 46 und Ḫaṣṣāf 20, 3. 4 werden beide geschieden); falls dagegen eine Entschädigung für den ursprünglichen Mangel verlangt würde, läge Wucher (Ribā) vor, da in diesem Falle beim Kaufe neben den beiden gleichen Quantitäten Getreide auf der einen Seite noch eine Geldsumme als Teil des einen Äquivalents stände, und auch die teilweise schlechtere Qualität der einen Getreidequantität könnte daran nichts ändern; deshalb darf auch in dem Juynboll 273 Anm. 1 am Ende erwähnten Fall keine Entschädigung gegeben werden, sondern das dort geschilderte umständliche Verfahren ist notwendig; übrigens ist dazu Sachau 293, 27 zu beachten, wonach solche Verträge nicht schlechthin nichtig, sondern nur anfechtbar sind, cf. Dimitroff 147ff. (der Unterschied von bāṭil und fāsid ist ähnlich, deckt sich aber nicht damit); bei unserem Kniff wäre demnach der Vertrag gültig, wenn der durch den ursprünglichen Mangel geschädigte Käufer auf das Recht der Rückgängigmachung verzichtete.

IV 16 Das ganze geschilderte Verfahren findet innerhalb eines einzigen Consessus (maǧlis) statt, wodurch das Ribā-Verbot umgangen wird (cf. Sachau 281, 10; Juynboll 272f. und 273 Anm. 1 Nr. 1. 2). In der Handschrift ist ṯumma annahū jarudduhū usw. ersetzende und leichter verständliche Glosse zu ṯumma ṣāḥibuhū jarudduhū usw. Ganz ähnlich gebaut ist der Kniff Ḫaṣṣāf 4, 9; 79, 35: in jenen Fällen soll das Verbot des „Überschusses“ umgangen werden, hier das des Lieferungsaufschubs.

IV 17 Kniffe zur Umgehung des Ribā-Verbots, cf. Sachau 281, 20.

18 Cf. Ḫaṣṣāf 21, 4—6; 73, 5f.

19 Cf. Ḫaṣṣāf 42, 13; 68, 17f. Sachau 363—365. Der Beklagte getraut sich nicht, selbst die Berechtigung des Anspruchs des Klägers anzuerkennen, weil er fürchtet, der Kläger könnte z. B. das strittige Objekt seinerseits durch eine Erklärung einem Dritten zugesprochen haben und dieser dann kommen und es auf Grund beider Erklärungen für sich fordern; bei Anwendung unseres Kniffes kann er das nicht, weil ja nicht der Beklagte die verlangte Erklärung abgibt, sondern sein Bevollmächtigter, und jeder nur sich selbst durch eine Erklärung belasten kann; auch der Bevollmächtigte ist bei diesem Verfahren nicht gefährdet, da er selbst keine Verpflichtung eingegangen ist. ʿain, etwas Bestimmtes, im Gegensatz zu maǧhūl, etwas der Quantität oder Qualität nach Unbekanntem, worüber nach aš-Šāfiʿī ein gültiger Vergleich nicht abgeschlossen werden kann, cf. Dimašqī I 216.

20 Die Abreibung mit Sand ersetzt die Waschung nur dann, wenn kein reines Wasser vorhanden ist. Wenn er beide Quantitäten Wasser so läßt, ist eine sicher rein, also die Abreibung mit Sand und mithin auch die Ṣalāt ungültig, und die Ṣalāt ist zu wiederholen; daher muß das reine Wasser fortgeschafft werden (durch das Zusammengießen beider Quantitäten wird das Ganze unrein). Über die Wiederholung cf. Snouck Hurgronje 103.

21 Ein ausgesprochener Istiḥsān, hier angewandt, weil er alles getan hat, was er konnte.

22 Sachau 432, 16. So wie R. Strothmann (Das Staatsrecht der Zaiditen 1912, 80—82) das kanonische Recht zur Erklärung analoger Erscheinungen im Fiqh, dem kanonischen Rechte des Islāms, herangezogen hat, ist hier das Begriffspaar des forum externum und internum in die Übersetzung aufgenommen worden (cf. Snouck Hurgronje 342). Namentlich bei al-Ḫaṣṣāf spielt es eine bedeutende Rolle (dort ist ebenso wie z. B. Jus Shafiiticum 240, 7; 227, 9 mā bainahū wabainallāhi taʿālā der Gegensatz zu ḥukm). Es liegt ein Mißverständnis zwischen Auftraggeber und Beauftragtem vor; da der Mandatar die Sklavin nicht für sich erworben hat, hat er auch im forum internum nicht das dem Eigentümer zustehende Recht der Kohabitation, das auch durch Zahlung des Preises an den Verkäufer, zu der er im forum externum verpflichtet ist, nicht erworben wird (ihre Arbeitskraft könnte er benutzen, da das auch andere Personen als der Eigentümer dürfen, etwa der Entleiher, Mieter; das gilt aber nicht für die Kohabitation [cf. Sachau 545, 13], die allein dem Eigentümer gestattet ist). ‚Der Sinn der Entscheidung ist: „ich will so tun, als hätte ich dir den Auftrag gegeben, für 20 eine Sklavin zu kaufen (sodaß ich dir also 20 schulde), aber nur unter der Voraussetzung, daß du diese Sklavin für 20 von mir kaufst; auf diese Weise sind wir quitt." Der Streitpunkt, weshalb al-Muzanī zitiert wird, ist, ob ein solches als-ob-Geschäft rechtsgültig ist.' Diese Erklärung verdanke ich ebenso wie die Konjektur alladī Herrn Prof. Bergsträsser.

23 Cf. Jus Shafiiticum 128, 8; Dimašqī I 231. Es ist in der ganzen Struktur des islāmischen Gesetzes begründet, daß es beim Gerichtsverfahren nicht so sehr auf die Feststellung von Tatsachen, als vielmehr auf das Abwägen von einander gegenüberstehenden Behauptungen ankommt, die mit größtem Scharfsinn analysiert werden. Deshalb spielen auch die Rechtspräsumtionen eine so große Rolle (cf. IV 60f.). Alle belastenden Momente, die sich

aus den Erklärungen einer Partei gegen sie ergeben, werden ein für allemal zu ihren Lasten festgestellt, mögen sie in den Erklärungen selbst noch so eng mit entlastenden verknüpft sein (cf. V 20). Deshalb ist es eine Klugheitsregel, sich immer möglichst ablehnend und leugnend auszudrücken. Allerdings darf man hierin das Maß nicht überschreiten; denn wenn dann doch ein Beweis erbracht werden sollte, geht die Partei, die ihre frühere Leugnung mit dem Beweise nicht in Einklang zu bringen vermag, i. a. der Eigenschaft der Unbescholtenheit (ʿadāla) verlustig (cf. Sachau 706, 1). Allerdings gehören Depositar und Bevollmächtigter zu den Vertrauenspersonen, zugunsten deren Behauptungen hinsichtlich Unterganges von etwas Anvertrautem Rechtspräsumtionen bestehen (Sachau 678 ff.), sodaß ihre diesbezüglichen Angaben ihnen keinen Nachteil bringen können; aber auch für sie empfiehlt sich äußerste Vorsicht bei ihren Erklärungen, weil das Vertrauensverhältnis aufgehoben werden kann (Sachau 675 ff., namentlich 678, 6) und sie dann jenen Rechtsschutz nicht genießen. Demgemäß bietet der Abschnitt zunächst ein Beispiel für eine solche vorsichtige Formulierung, dann für eine zu sehr ablehnende und auch tatsächlich falsche; wenn durch den Beweis festgestellt wird, daß sie falsch ist, hat das Vertrauensverhältnis aufgehört, und da der Depositar, wie vorausgesetzt, nicht beweisen kann, daß der Gegenstand ohne sein Verschulden zugrunde gegangen ist, ist er haftbar. Zugrunde gehen ist hier überall im Sinne von „ohne Verschulden des Depositars zugrunde gehen“ zu nehmen. Eine vollständige Parallele Ġazālī I 287, 4 ff., allerdings mit Ausnahme des Schlusses. Dieser Schluß selbst ist folgendermaßen zu erklären: der Depositar, der seine Vertrauensstellung verloren hat, kann das unverschuldete Zugrundegehen des Depositums nicht beweisen und ist daher ersatzpflichtig; durch seine Behauptung: „der Kläger weiß usw.“ bringt der Depositar aber ein neues Moment herein, worüber nun ein Nebenstreit stattfindet, in dem der Depositar Kläger, der Deponent Verklagter ist; da naturgemäß kein Beweis vorliegt, wird dem Verklagten der Eid aufgegeben; wenn er ihn leistet, wird der Depositar als Kläger abgewiesen und muß Ersatz leisten; wenn er ihn zurückweist, wird der Depositar als Kläger zur Eidesleistung aufgefordert; wenn er das tut, gilt das als Geständnis des Verklagten, daß er von dem unverschuldeten Untergang des Depositums weiß; damit ist aber auch der Hauptprozeß zugunsten des Depositars entschieden. Dieser Kniff des Hineinbringens eines neuen Momentes durch eine Behauptung, worüber ein Nebenstreit stattfindet, kommt bei al-Qazu̯īnī öfter vor; unserm Falle ganz entsprechende Kniffe, bei denen es sich gleichfalls um das „Wissen“ handelt, sind IV 50 und V 10; cf. auch V 19.

IV 24 Cf. Sachau 296 f.; nach einer Ansicht, der sich al-Qazu̯īnī hier anschließt, ist die Teilung von Früchten vor Beginn der Reife unstatthaft, da auch der Kauf unter diesen Umständen unstatthaft wäre (Jus Shafiiticum 322, 3). Cf. zu V 41.

IV 25 Die Bedingung sofortigen Schneidens ist hier analog anzuwenden wie bei IV 24.

IV 26 Am Anfang ist die IV 25 entsprechende Darstellung ausgefallen, daß jeder die Hälfte der Palme für die Hälfte der Früchte der andern verkauft. Zum folgenden cf. Sachau 297, 12.

IV 27 Nach der Auflösung des Pränumerationskaufes findet ein Verkauf der dem

Käufer gegen den Verkäufer zustehenden Forderung an den Verkäufer statt, und für alle Kaufverträge gilt die am Ende genannte Grundregel (cf. van den Berg 48). Wenn dies Rechtsgeschäft in der Form eines Vergleiches abgeschlossen würde, könnte die Besitzübereignung auch später stattfinden; das Resultat wäre dasselbe, die juristische Auffassung aber verschieden. Für die Ḥanafiten cf. Dimitroff 139 nr. 13.

28 Er ist haftbar als Entleiher, cf. IV 29; Sachau 468, 19; in beiden Fällen ist das Doppelverhältnis zu beachten. Cf. noch IV 56.

29 Cf. IV 28; V 63f.; Sachau 556, 35.

30 Wegen der Erlaubnis oder des Einverständnisses des Eigentümers tritt keine Haftung ein.

31 Cf. Sachau 503, 21; van den Berg 48, 4. Die Ansicht des abul-ʿAbbās folgt in IV 32, wo derselbe Fall vorliegt, nur infolge einer unwahren Erklärung des Käufers fingiert. Zu diesem und den folgenden Paragraphen cf. IV 54.

32 Cf. IV 31; die beiden Ansichten stehen nicht eigentlich im Widerspruch zueinander, sondern die zweite ist eine Ergänzung der ersten nach der Seite des Kniffes hin, hier zugunsten des Vorkaufsberechtigten.

33 Cf. IV 55; Sachau 503, 8; Ḫaṣṣāf 23, 11; 83, 6 (cf. zu IV 39).

34 Cf. Sachau 503, 14; Ḫaṣṣāf 23, 6. 10. 15. 17; 83, 4. 18. 26 (cf. zu IV 39). Der vorausgesetzte Wert der Sklavin ist natürlich ganz illusorisch.

35 Dann gilt nämlich das Verlangen des A nur für die Absonderung des gestifteten Teiles, die de iure erfolgen muß (cf. Sachau 609, 22), während das sonstige gemeinsame Besitzverhältnis unberührt bleibt. Das einmal rechtswirksam geäußerte Verlangen kann nicht zurückgenommen werden. Diese Frage tritt innerhalb der Bestimmungen über das Vorkaufsrecht auf, weil es sich auch bei ihm nach šāfiʿitischer Lehre immer um gemeinsamen Besitz handelt. Der hier und noch weiterhin öfter auftretende Ausdruck al-muʿauwal minal-maḏhab, den ich mit „die bessere Ansicht der Schule“ übersetze, bedeutet wörtlich: „die Ansicht der Schule, auf die man sich verlassen kann“, im Gegensatz zu einer als „schwach“ bezeichneten Ansicht.

36 „Auf dem Grundstück“: denn das primäre Objekt des Vorkaufsrechtes sind Grundstücke: Sachau 501, 16; Jus Shafiiticum 135, 7; cf. V 65. Mit diesem Paragraphen ist der folgende eng verknüpft, daher seien beide zusammen besprochen (über die Ansichten aš-Šāfiʿīs und al-Muzanīs in diesem Punkt unterrichtet der muḫtaṣar des al-Muzanī, gedruckt am Rande des kitāb al-umm von aš-Šafiʿī, Band III [Būlāq 1321] 52f.): aš-Šafiʿī meint, wenn der Käufer die Teilung verlange und nach geschehener Teilung baue, könne der Vorkaufsberechtigte nicht verlangen, daß das Gebäude ohne Entschädigung abgerissen werde, da der Käufer ġaira mutaʿaddin, d. h. ohne dem Rechte eines andern schuldbar zu nahe zu treten, gebaut habe (während al-Muzanī dem Vorkaufsberechtigten das freistellt und seine abweichende, mit den Ḥanafiten übereinstimmende [cf. Dimašqī II 3f.; Ġazālī I 218, 17] Ansicht begründet; in der Schule hat sich aber die Meinung aš-Šāfiʿīs durchgesetzt: Jus Shafiiticum 137, 16); hat aber vorher keine Teilung stattgefunden, wie §§ 36 und 37 zunächst vorausgesetzt wird, so ist der Käufer mutaʿaddin, d. h. er hat das Recht eines andern schuldbar verletzt, da er vor geschehener Teilung auf einem Grundstück, dessen Mitbesitzer ein anderer war, was ja beim Vorkaufsrecht der Fall ist, nicht bauen durfte; so erklären sich die

Bestimmung des § 36 bei Nichtanwendung eines Kniffes und des § 37; unklar bleibt aber, inwiefern in § 36 eine Beglaubigung des Kaufes (oder der Kaufurkunde) durch den Richter die Sachlage beeinflussen kann.

IV 37 Cf. IV 36.

IV 38 Cf. Jus Shafiiticum 137, 18.

IV 39 Cf. Sachau 510, 20, nur daß in unserm Falle M und N eine Person sind; abul-ʿAbbās dagegen wendet die Regel von Sachau 510, 9 an: auf „ganz" liegt das Schwergewicht der Behauptung. Die Kniffe bei Ḫaṣṣāf 23, 5. 9; 46, 8; 83, 1 sind anders: hier liegt die ḥanafitische Ansicht zugrunde, daß das Vorkaufsrecht sowohl aus ungeteiltem Mitbesitz wie auch aus Nachbarschaft hervorgehe, und hierbei hat der Nachbar kein Vorkaufsrecht, wenn der Mitbesitzer einen Anteil kauft, cf. Futawa Alumgiri Vol. V (1834) 257. (šafīʿ bezeichnet bei al-Ḫaṣṣāf den vorkaufsberechtigten Nachbarn; der vorkaufsberechtigte Mitbesitzer wird 46, 10 als ṣāhib as-sihām bezeichnet). kaḏā ist Schreiberglosse, auf jaʾḫuḏuhū ǧamīʿ aš-šiqṣ gehend; cf. I 2; V 8.

IV 40 Cf. Ṭabarīs iḫtilāf al-fuqahāʾ ed. F. Kern (Kairo 1320) I 117ff., über aš-Šāfiʿī ebd. 120f.; Sachau 579ff.

IV 41 Zwei ähnliche Kniffe Sachau 580, 26ff. (im ersten Fall gehört der Samen dem Feldarbeiter).

IV 44 Cf. Sachau 581, 23.

IV 45 Die Verfügung eines Richters ist in Fragen, über die irgendwelche Meinungsverschiedenheit besteht, entscheidend und darf nicht umgestoßen werden, mag man auch seine Ansicht als falsch ansehen. Natürlich ist das reine Theorie und gilt nur von dem zum Iǧtihād befähigten Qāḍī cf. Snouck Hurgronje 404 (cf. auch Juynboll 321). Entsprechendes gilt, hier allerdings praktisch, mittels taqlīd auch von den Abweichungen der verschiedenen Schulen voneinander, cf. Ḫaṣṣāf 79, 28—30, besonders 30; Horovitz, Islam III 64. Der Stifter will die Früchte der Stiftung bis zu seinem Tode selbst genießen und will sie nicht für seinen Todesfall errichten, da sie dann als testamentarische Verfügung der Beschränkung auf ein Drittel des Nachlasses nach Abzug der Begräbniskosten und etwaiger Schulden unterworfen ist: Juynboll 280; Sachau 616, 16; Dimašqī II 19. Zur Auffassung der Stiftung als einer Art Eigentumsübertragung, also nicht einer eigentlichen, cf. Snouck Hurgronje 160; Juynboll 280; Sachau 617, 12; Dimašqī II 18. Die Stiftung wird in dieser Beziehung entsprechend dem Kauf behandelt (cf. Sachau 436, 28 und auf ḥanafitischer Seite Ḫaṣṣāf 20, 22—28; 67, 19, 24f.). Beim zweiten Kniff geschieht die Quasi-Eigentumsübertragung zuerst an den ersten Benefiziar, dann an den ehemaligen Eigentümer.

IV 46 Cf. Sachau 633, 27, besonders 634, 32; im zweiten Fall ist wohl nicht so sehr vorausgesetzt, daß der Wert des als Ehegabe gegebenen Gegenstandes sich inzwischen vermehrt hat, als vielmehr, daß die Gattin gerade diesen Gegenstand behalten möchte. Dasselbe Prinzip, wie das hier zugrunde liegende, gilt auch für die Vollmacht (cf. Ḫaṣṣāf 38, 1). Cf. auch V 41.

IV 47 Cf. IV 3. Zum Ẓihār cf. Johs. Pedersen, der Eid bei den Semiten (1914) 199 Anm. 2.

IV 48 Cf. IV 3.

IV 49 Cf. Juynboll 343. 350. Cf. IV 62.

IV 50 Cf. IV 23. Sachau 428, 13; eine der Rückgabe durch den Mandatar vorhergehende Einverständniserklärung des Mandanten dagegen gilt als Anweisung an den Mandatar und ist für ihn bindend.

51 Der Gegenstand wird erst nach Empfang des vollen Preises geliefert; praktisch ganz unverwendbar. Allgemein wird dem Mukātab das Pfandgeben verboten gemäß dem Prinzip, daß er möglichst wenig Verpflichtungen eingehen soll, einerseits um seinem Streben nach Freilassung einen Rückhalt zu gewähren, andrerseits um seinen Herrn für den Fall zu sichern, daß der Mukātab zur Ausführung der festgesetzten Leistungen nicht imstande sein sollte. Wenn ihm auch das Pfandnehmen verboten wird, läßt sich eine Ratio dafür kaum finden; daher wird dies Verbot von andern abgelehnt.

52 Hier wird verblümt zum Taqlīd aufgefordert, ebenso Ḫaṣṣāf 79, 28—30. Allerdings erleidet das Prinzip bei den Ḥanafiten kleine Ausnahmen und ist nicht unbestritten, cf. Dimašqī II 215f.; Ḫaṣṣāf 15, 15.

53 Wenn der Inhaber des Vorkaufsrechtes in irgendeiner Weise die Rolle des Verkäufers übernimmt oder ergänzt, erlischt sein Vorkaufsrecht, nicht aber, wenn es sich um die Rolle des Käufers handelt (ebenso bei den Ḥanafiten: Ḫaṣṣāf 23, 22—26); allerdings existiert auch die Ansicht, daß er in keinem dieser Fälle des Vorkaufsrechtes verlustig geht: Jus Shafiiticum 136, 16 Der hauptsächliche Grund jedoch für die hier zugrundeliegenden Bestimmungen ist der, daß der Vormund in diesem Falle unter dem Verdacht steht, den Preis zu seinen Gunsten zuungunsten des Mündels zu niedrig festzusetzen, ein Verdachtsmoment, das wegfällt, wenn der Richter den Verkauf übernimmt: Ġazālī I 216, 6. Cf. IV 54.

54 Cf. IV 31ff. 53; Ḫaṣṣāf 23, 22.

55 Cf. IV 33; Jus Shafiiticum 135, 15; ebenso Ḫaṣṣāf 23, 9. 11; 83, 1. 6.

56 Der festzusetzende Zeitpunkt ist nicht der der beabsichtigten Rückzahlung, sondern liegt früher, bald nach Eingehung des Pfandverhältnisses. Stillschweigend wird vereinbart, daß der Pfandgeber sein Pfand durch Bezahlung der Schuld zurückkaufen kann. Cf. IV 28.

57 Cf. IV 58 und zu IV 23. Vorausgesetzt ist, daß die Schuld nicht bewiesen werden kann. „Kläger", d. h. beweispflichtig.

58 Cf. III 3; V 19; IV 57 und zu IV 23. Cf. Sachau 731, 12. Ein Schuldververhältnis kann nicht nur aus dem Darlehen entstehen, sondern auch aus einer Erklärung (Anerkenntnis), daß man einem andern etwas schuldig sei (so V 19) usw.

59 Jus Shafiiticum 65, 13.

60 Sachau 733, 10. Cf. IV 61.

61 Sachau 734, 1. Cf. IV 60.

62 Cf. IV, 49. Dies Verfahren ist sicher nie zur Anwendung gelangt.

63 Der Käufer hat das Kaufobjekt in Empfang genommen und erklärt nun, daß alles, was er besitzt, einschließlich des Kaufobjektes, einem Dritten gehört, sodaß er den Kaufpreis nicht bezahlen kann und für bankrott erklärt wird, und da er garnichts besitzt, bekommt der Verkäufer nichts (das Kaufobjekt kann der Verkäufer von dem Dritten auch nicht zurückverlangen). Wenn der Dritte später dem Bankrotten seinen Besitz zurückschenkt, braucht dieser seine frühere Schuld nicht mehr abzuzahlen: Sachau 348, 18. — Nach Bezahlung des Preises wird das Sequester aufgehoben.

64 Cf. Juynboll 223, Sachau 99, 15.

IV 65 Der stehende Zug der schlechten Obrigkeit (cf. Snouck Hurgronje 370) findet sich unten IV 69 und z. B. auch Ḫaṣṣāf 16, 8. 11; 61, 49. 61. 65 f. 69. Etwas anders Sachau 678, 6.

IV 66 Cf. Jus Shafiiticum 97, 16; van den Berg 103; Ḫaṣṣāf, 4, 15—17. 25 f.

IV 67 Cf. Jus Shafiiticum 93, 10; Dimašqī I 182; Dimitroff 164; Ḫaṣṣāf 52, 22.

IV 68 Cf. Sachau 446, 33.

IV 69 Cf. IV 65. Sachau 277, 22; 631, 17 (auch Dimitroff 144, 2 a).

IV 70 Vorausgesetzt ist, daß keine Behauptung bewiesen werden kann. Cf. IV 23. 71; V 5.

IV 71 Cf. IV 23. 70; V 5. Der Zurückhaltungsanspruch wird §§ 70 und 71 a auf die verwandten Leistungen, 70 b auf die Hergabe von Material gestützt. Bei einer Weigerung des Mieters, seine Schuld zu bezahlen, kann der Färber bzw. Schneider das Gewand verkaufen und sich aus dem Erlös bezahlt machen, muß aber einen etwaigen Überschuß zurückgeben (Sachau 726, 23 ff.).

IV 72 Der Mieter erklärt, daß der Gegenstand, den er gemietet hat, bei ihm zugrunde gegangen ist, kann aber das Bestehen des Mietsvertrages nicht beweisen. Cf. IV 23. 57. 58.

IV 73 Sachau 596, 22; Dimitroff 141 f.

IV 74 Jus Shafiiticum 337, 15—17. Ein entgegengesetzter Kniff III 4; V 46. Cf. IV 52.

IV 75 Jus Shafiiticum 5, 13: das Bestreichen der Schuhe ist nur dann gültig, wenn der Betreffende, als er sie anzog, ganz rein war; bei dem zuerst vorausgesetzten Verfahren ist der erste Schuh angezogen worden, während der andere Fuß noch unrein war (ohne daß natürlich der erste Fuß dadurch unrein würde: bloß das Bestreichen der Schuhe wäre ungültig); durch das spätere Ausziehen und Wiederanziehen wird das Erforderliche nachgeholt.

IV 76 Jus Shafiiticum 5, 14; wenn man den Kniff anwendet, ist der untere Schuh kein „Schuh" mehr, mit dem allein bekleidet man das Bestreichen anwenden dürfte (über den Iḫtilāf zu diesen Fragen cf. Dimašqī I 29 und 30); cf. VI 3.

IV 77 Im allgemeinen darf das Wild als herrenlos gejagt werden: Jus Shafiiticum 123, 5; der Muḥrim darf es aber nicht töten: Jus Shafiiticum 76, 8; ebensowenig darf er es nach Ablegung des Iḥram töten, wenn er es während des Iḥrām gefangen hat; beim Kniff IV 78 läßt er es nach Ablegung des Iḥrām los und jagt es von neuem.

IV 78 Cf. IV 77.

IV 79 Durch das Hinzufügen dieses Istiṯnā' wird das Ausgesprochene der Eigenschaft des Eides entkleidet: Jus Shafiiticum 245, 18; übrigens genügte schon der Zwang, um den Eid ungültig zu machen: Jus Shafiiticum 238, 18.

IV 80 Durch den Eid will er seine Frau erschrecken und ihr nachdrücklich befehlen, das Haus nicht zu verlassen (cf. Ḫaṣṣāf 60, 1); wenn sie dann wirklich von ihm geschieden sein will, steht es in ihrer Macht, das herbeizuführen. Die Erlaubniserteilung geschieht heimlich, um die Einschüchterung der Frau weiterbestehen zu lassen: selbst wenn sie vor Zeugen vernommen wird, braucht die Frau nicht anwesend zu sein. Dies Verbot gilt, entsprechend der Absicht des Gatten, als einmalig und ist durch die einmalige Erlaubnis aus der Welt geschafft; das Gegenstück dazu IV 81.

IV 81 Cf. IV 80; hier muß generelle Erlaubnis erteilt werden, entsprechend Ḫaṣṣāf 56, 12 f.; 76, 25; 84, 16 wobei nicht stören darf, daß das Verbot hier überall als generelles gefaßt ist: in Wirklichkeit kommt es auf die Nīja an.

82 Die Streichung von ųataųaḍḍa'a, durch die die Konfusion beseitigt wird, verdanke ich Herrn Prof. Bergsträsser, ebenso folgende Bemerkung: „ṭalab Substantiv, dann wohl vorher fī zu ergänzen, oder Verb, dann ųa einzusetzen". Der Betreffende entscheidet sich für denjenigen Fall, der ihm die geringeren Leistungen auferlegt, nämlich daß es Sperma sei, und verrichtet den Ġusl. Da er aber nicht sicher weiß, daß es Sperma ist, braucht er eigentlich nur soviel zu verrichten, wie den in beiden Fällen geforderten Leistungen gemeinsam ist, hier also den Ųuḍū', dessen Waschungen ja im Ġusl mit enthalten sind.

83 Man achte auf die schönen euphemistischen Ausdrücke.

84 Sachau 76, 25; cf. IV 85. Dem Ḥadd, der nach Jus Shafiiticum 236, 8 i. a. eintreten muß, kann sich der Gatte dadurch entziehen, daß er, wie IV 85 angedeutet, seine Behauptung nur hinsichtlich der Vaterschaft des Kindes zurücknimmt, hinsichtlich der Unzucht der Frau aber aufrecht erhält. Allerdings scheinen beide Kniffe rein theoretisch zu sein, ohne die praktischen Folgen zu berücksichtigen.

85 Cf. IV 84; II 9.

86 Juynboll 87 mit Anm. 2 (die zitierte Stelle von Snouck Hurgronje jetzt Verspreide Geschriften II [1923] 427ff.).

87 Cf. Jus Shafiiticum 19, 6ff.; Juynboll 71f.

1 Im ersten Falle erbt sie, weil die Freilassung der Scheidung zeitlich vorangeht (eine ähnliche derartige Interpretation VI 7, auch V 18), sie also noch einige Zeit als Freie verheiratet ist, was die Voraussetzung für ihr Erbrecht bildet (Sachau 194, 1; 259, 1); zwar wird die Ehe durch die dreimalige Scheidung vollständig aufgehoben, aber die während der Krankheit dreimal Geschiedene behält (ebenso wie die redintegrierbar Geschiedene überhaupt [Sachau 77, 23; 80, 4]) das Erbrecht während der Wartezeit, jedenfalls gemäß der nach al-Qazųīnī „richtigeren" Ansicht: V 2; cf. II 10. Im zweiten Falle, wo Freilassung und Scheidung zeitlich zusammenfallen, erbt sie nicht, weil sie nie freie Gattin war (ihre Stellung während der Wartezeit bleibt unberücksichtigt).

2 Cf. V 1; II 10.

3 Sachau 353, 17; 233, 28; Juynboll 257 (alle spontanen Zuwendungen eines Kranken gelten als testamentarische Verfügungen).

4 Ġazālī I 216, 9. Da der Preisnachlaß als Legat gilt, ist er gegenüber einem Erben überhaupt nicht und gegenüber einem Dritten nur innerhalb des für Legate verfügbaren Drittels des (nach Abzug der Begräbniskosten und etwaiger Schulden übrigbleibenden) Vermögens gestattet.

5 Cf. IV 23. 70f.

6 Sachau 792, 27: die Höhe des Sühnegeldes richtet sich nur nach der Zahl der Wunden, nicht ihrer Größe. Cf. VI, 14. Hier gelten dieselben Bedingungen wie bei V 7.

7 Sachau 764 § 17; 787ff. Die Tötung muß vor der Bezahlung des Sühnegeldes und vor dem Vernarben geschehen, damit die Verwundungen mit der Tötung als ein einziger Akt gelten können; andernfalls ist für die Verwundungen und für die Tötung je volle Sühne zu leisten.

8 Sachau 139, 16. kaḏā Schreiberglosse cf. I 2; IV 39. Das Zurückschenken geschieht heimlich, wie auch oft bei Ḫaṣṣāf.

V 9 Da niemand mit seiner eigenen Sklavin verheiratet sein kann (cf. aber Fihrist 207, 15 f. und ibn Quṭlūbuġā ed. Flügel nr. 81), muß die Freilassung perfekt sein, bevor zur Ehe geschritten werden kann, und eine solche Freilassung kann, selbst wenn die Sklavin nachher ihre Zustimmung zur Ehe verweigert, nicht rückgängig gemacht werden. Es kann auch nicht auf Eingehung der Ehe auf Grund der übernommenen Verpflichtung geklagt werden. Der Durchschnittswert ist zu zahlen, weil anzunehmen ist, daß der Herr die Sklavin nicht freigelassen hätte, wenn er von ihrer späteren Weigerung Kenntnis gehabt hätte. Bei Anwendung des Kniffes wird die Erklärung nicht vor Zeugen abgegeben; ihre Anwesenheit würde dieselben Rechtsfolgen wie im ersten Falle eintreten lassen, mag auch der Herr sie nur für das forum internum bestimmt haben. Wenn bei Anwendung des Kniffes die Sklavin sich weigerte zu heiraten, würde der Herr, wenn er sie weiterhin als Sklavin behandelte, kein Unrecht begehen.

V 10 Das noch nicht in Besitz genommene Pfand oder Geschenk kann der Pfandgeber oder Schenker wieder an sich nehmen: Sachau 329, 5; 631, 22. Er kann den Eid von der Gegenpartei nicht verlangen, weil ein Geständnis seinerseits vorliegt. In dem ersten Kniff liegt eine geschickte Art der Deutung einer früheren Erklärung, deren Zurücknahme unter allen Umständen unstatthaft ist, im zweiten das Hineinbringen eines neuen Momentes durch eine Behauptung, über die nun ein Nebenstreit stattfindet; allerdings wird bestritten, daß diese neue Behauptung über die ursprüngliche hinausgeht, sodaß dies Verfahren Berechtigung hätte. Genaue Parallele IV 23, ähnlich auch im zweiten Teil von V 19.

V 11 Niemand kann seine Milchnichte und die Milchtochter seiner Ehefrau, der er beigewohnt hat, heiraten; aber die hier vorausgesetzten Bestimmungen stehen auf den ersten Blick in Widerspruch zu der herrschenden Lehre der Šāfiʿiten, und ich finde sie auch sonst nicht erwähnt: sowohl wenn die Ehe mit der kleinen Braut wegen Milchverwandtschaft zwischen ihr und der erwachsenen Frau (Sachau 35, 21; 41, 21) als auch wenn sie wegen Milchverwandtschaft zwischen ihr und der Schwester des Gatten (41, 12) annulliert wird, hat sie einen Anspruch auf die halbe Brautgabe [obgleich es allerdings auch Fälle gibt, in denen bei Annullierung der Ehe vor der Kohabitation die ganze Brautgabe an den Mann zurückfällt: Sachau 41, 15]; in jenem Falle käme außerdem die hier sicher nicht beabsichtigte Konsequenz hinzu, daß auch die Ehe mit der erwachsenen Frau als der Milchmutter seiner kleinen Braut nichtig wird (Sachau 35, 18) [obgleich es auch Fälle gibt, wo die Reziprozität der Milchverwandtschaft wenigstens nicht einstimmig bis in ihre letzten Konsequenzen verfolgt wird: Ġazālī II 108, 17]. Cf. auch Ġazālī ebd. 4. Vielleicht spielt, worauf mich Herr Prof. Bergsträsser aufmerksam macht, der Umstand, daß das Ehehindernis durch eine Handlung des Kindes herbeigeführt wird, für die abweichende Rechtswirkung eine Rolle.

V 12 Sachau 675, 14. 32.

V 13 Sachau 678, 17; im ersten Falle kann der Verstoß, infolge dessen der Depositar haftet, nachgewiesen werden, im zweiten nicht, sodaß auch die Haftpflicht nicht eintreten kann; im dritten Falle liegt überhaupt kein Gebrauch des Dirhams vor.

V 14 Sachau 675, 32—676, 11; 676, 31—677, 10. Cf. V 15.

15 Das Verfahren bei Anwendung des Kniffes gilt als Deponierung bei der Vertrauensperson.

16 Sachau 134, 12. Cf. V 17. 57f.; VI 7. „Wird der Sklave zu seinen Lasten ganz frei": d. h. er hat dem Miteigentümer den Wert des ihm zugehörigen Anteils an dem Sklaven zu ersetzen.

17 Cf. V 16.

18 Durch diese Erklärung begibt sich der Käufer seines Regreßanspruchs gegen den Verkäufer. Einen seinem Wesen nach ähnlichen Kniff behandelt al-Ǧauḇarī im 22. Kapitel seines kitāb al-muḫtār fī kašf al-asrār. Es sei eigens bemerkt, daß diese Ansicht „einiger Gefährten" bei der Mehrheit der Vertreter der Schule keine Billigung gefunden hat. Cf. V 1; VI 7.

19 Cf. III 3; IV 58; V 10: in unserem Falle lautet dann die Erklärung nur, daß irgendetwas dem N.N. gehöre oder zustehe; um von der Gegenpartei den Eid verlangen zu können, behauptet er, daß sein Gegner von ihm die Erfüllung seiner Verpflichtung nicht verlangen könne, worüber ein Nebenstreit stattfindet. Cf. IV 23.

20 Cf. IV 23. „Kläger", d. h. beweispflichtig.

21 Alle Rechtsgeschäfte sind von jeder Unsicherheit und Ungewißheit möglichst frei zu halten, cf. Juynboll 263f.

22 Erklärungen, die sich auf Rechte von Menschen beziehen, können nicht zurückgenommen werden. Cf. Juynboll 314; Sachau 441 § 2; 522, 22; 678, 33.

23 Sachau 828, 14.

24 Dann ist der Gegenstand nicht mehr entsprechend aufbewahrt, was die Voraussetzung für Anwendung des Ḥadd ist.

25 Cf. II 5. Sachau 830, 29. Da das „Eigentum" des Sklaven in Wirklichkeit Eigentum des Herrn ist (Juynboll 204), läuft die Erklärung des Sklaven „es gehört mir" auf dasselbe hinaus wie „es gehört meinem Herrn".

26 Im ersten Falle liegt von seiten des Herrn des Sklaven überhaupt kein Patronatsrecht vor, im zweiten Falle, wo es vorliegt, geht das Patronatsverhältnis des Gatten dem der Gattin vor. Der arabische Ausdruck, der „fällt zu" bedeuten muß, ist ganz entstellt. Herr Prof. Bergsträsser rät mit aller Reserve auf faǧarā, das ich in den Text gesetzt habe, oder auf liǧaḏb, wodurch man genötigt wäre, den Satz anders zu konstruieren.

27 Sachau 99, 11; cf. den Grundsatz „in praeteritum non vivitur".

30—35 Cf. IV 6; V 106—109; Ḫaṣṣāf Kap. 59. 78.

30 Das Wesen derartiger Kniffe besteht darin, daß eine Situation geschaffen wird, die als Erfüllung jedes der beiden einander anscheinend ausschließenden Eide angesehen werden kann, aber, so sollte man schließen, nicht beider zugleich; diesen Schluß vollführt aber das Fiqh nicht, sondern betrachtet die Handlung von jedem der beiden Eide aus als Erfüllung. Es kann vorkommen, daß beide Eide schon dem Wortlaut nach einander nicht ausschließen, so V 34. 106. 108. 109, aber notwendig zur Ermöglichung des Ausweges ist das nicht, wie außer unserer Stelle V 31—33. 107 zeigen, die sich wesentlich von Ḫaṣṣāf 59, 10f. dadurch unterscheiden, daß eine besondere Absicht des Schwörenden, die dort die Voraussetzung bildet, hier nicht vorliegt.

31 Cf. V 30.

32 Cf. V 30.

V 33 Cf. V 30; beim zweiten Eide meint er natürlich, daß er von dem Wasser aus diesen Gefäßen trinken werde.

V 34 Cf. V 30.

V 35 Die Strafe für den Eidbruch kann nur eintreten, wenn bewiesen ist, daß der Eid wirklich gebrochen ist, nicht wenn lediglich die Möglichkeit vorliegt, daß er ihn gebrochen hat; die übriggelassene Frucht kann ja die sein, die er gemeint hat. Natürlich steht es ihm auch frei, keine Frucht zu essen. Der Ausdruck litami̯īzihā biʿai̯nihā ist etwas merkwürdig; ich weiß aber keine evidente Verbesserung. Cf. V 60ff.

V 36 Die Aussage der Frauen ist eine Erklärung, und durch eine solche kann man nur sich selbst belasten, nicht einen andern; in unserem Falle ist eine Bestätigung durch eine Erklärung von seiten des Gatten oder ein vollgültiger Beweis erforderlich. Ein seinem Wesen nach ähnlicher Kniff, nur nach der andern Seite gewendet, V 89. Hier sei auch auf J. Goldziher, die Ẓâhiriten (1884) 40 hingewiesen.

V 37 Die Vertreter der zweiten Ansicht im zweiten Falle lassen die Leibesfrucht erst mit der Geburt rechtsfähig werden.

V 40 Sachau 10 § 22; 43, 32.

V 41 Im allgemeinen kann der Gatte, falls kein besonderer Kniff angewendet wird (cf. IV 46), in dem vorausgesetzten Fall einer Scheidung vor der Kohabitation die Hälfte des als Brautgabe gegebenen Gegenstandes zurückfordern; diese Regel erleidet hier eine Modifikation dahin, daß er nur einen Anspruch auf die Hälfte des Wertes der Palme am Tage ihrer Übereignung als Brautgabe (IV 46) hat, da die Frau sonst durch die Scheidung vor der Kohabitation eine Schuld, bestehend aus der Hälfte der Palme und der Hälfte der Fruchtansätze (vor Beginn der Reife), eingehen würde; sie wäre für die Lieferung einer entsprechenden Menge reifer Früchte nach Eintritt der Reife haftbar, und das kann ihr angesichts der der Ernte noch drohenden Gefahren, die zudem ein Moment der möglichst zu vermeidenden Unsicherheit hineinbringen, nicht zugemutet werden. Ganz ähnliche Erwägungen gelten auch für den Kauf (Sachau 296, 34) und nach der einen Ansicht, der sich al-Qazu̯īnī IV 24 anschließt, für die Teilung (Jus Shafiiticum 322, 3). Bei Anwendung des Kniffes fällt diese Ungewißheit, verbunden mit Haftung der Frau, weg; daher steht einer Zurückforderung der Hälfte der Palme selbst nichts im Wege.

V 42 Sachau 463, 21; 545, 13.

V 43 Sachau 5 § 3; 24, 11.

V 44 Über das Verhältnis von Ungläubigen zum islamischen Gesetz cf. Juynboll 354; Sachau 698, 3; Snouck Hurgronje 369. So könnte ein Ungläubiger eine derartige Kaffāra zu leisten haben wegen Eidbruchs (Juynboll 269) oder wegen vorsätzlicher oder unvorsätzlicher Tötung (Juynboll 298).

V 45 Im ersten Falle ist die Vornahme des Loskaufvertrages etwa so gedacht, daß der Mann erklärt: „ich scheide mich von dir hiermit dreimal", und die Frau: „ich erkläre dich von der Brautgabe, die du mir schuldig bist, für frei"; oder die Frau erklärt: „wenn du dich von mir dreimal scheidest, bist du von der Brautgabe, die du mir infolgedessen schuldest, frei", und der Mann sagt: „ich scheide mich usw."; dann ist die Gültigkeit der Scheidung unabhängig von der Gültigkeit der Verfügung der Frau; durch den Kniff, der eigentlich ganz selbstverständlich ist, wird Abhängigkeit hergestellt.

46 Cf. III 4; IV 74.

47 Cf. Dimašqī I 6: Wassermengen von 2 Qullas oder mehr sind nach aš-Šāfiʿī nur dann unrein, wenn die gesetzliche Unreinheit auch äußerlich erkennbar ist, geringere Mengen in jedem Falle von gesetzlicher Unreinheit. Cf. V 48.

48 Cf. Dimašqī I 5f.; cf. zu V 47. Qulla und Qirba sind nicht feststehende Maße, sondern Gefäße ungefähr bestimmter Größe (Tonfaß und Schlauch, d. h. Schafhaut).

49f. Unter „Faß“ ist hier ein großer amphoraartiger Tonkrug zu verstehen.

50 Beim Hineintauchen des Kruges steigt der Essig und kommt so mit dem unreinen Teile des Fasses in Berührung.

51 Jus Shafiiticum 147, 7. Über die Zulässigkeit der Stellvertretung beim Ḥaǧǧ cf. Dimašqī I 147f.

52 „Ḥaǧǧ und ʿUmra“: der Tamattuʿ ist als selbstverständlich vorausgesetzt (cf. Juynboll 146ff.).

53 Cf. Dimašqī I 164f.; vgl. noch II 13; IV 1. 2. Die Pflicht der Rückzahlung des eventuell empfangenen Lohnes wird dadurch nicht berührt. Mit der letzten Bestimmung hat es folgende Bewandtnis: die Ausführung des Ḥaǧǧ durch einen Stellvertreter ist nach der „richtigeren“ der beiden auf aš-Šāfiʿī zurückgehenden Ansichten nur gestattet, wenn es sich um einen pflichtmäßigen Ḥaǧǧ handelt (Dimašqī I 148); wird ein pflichtmäßiger Ḥaǧǧ nach Annahme des Iḥrām versäumt, so besteht nach der verbreiteteren der auf aš-Šāfiʿī zurückgehenden Ansichten Nachholungspflicht (Dimašqī I 165), und das gilt natürlich auch für den Stellvertreter beim pflichtmäßigen Ḥaǧǧ; hat er aber vor Annahme des Iḥrām den Entschluß gefaßt, den Ḥaǧǧ nicht als Stellvertreter, sondern für sich selbst zu verrichten, so wird der Ḥaǧǧ zu einem freiwilligen, da der Stellvertreter seinen pflichtmäßigen Ḥaǧǧ schon verrichtet haben muß (Dimašqī I 148), und wenn er dann bei seinem freiwilligen Ḥaǧǧ nach Annahme des Iḥrām zu spät kommt, besteht keine Nachholungspflicht (Dimašqī I 165).

55f. Cf. II 14. Praktische Anwendbarkeit so gut wie ausgeschlossen.

57 Sachau 134, 12. Cf. V 16; VI 7. Vgl. noch V 58.

58 Sachau 134, 1; vgl. noch V 57.

59 Cf. Sachau 194, 4. Der circulus legalis tritt in unserm Falle nicht ein, weil A durch B ja nicht von der Erbschaft ausgeschlossen wird, sondern neben ihm zur Erbschaft berufen würde. Entsprechendes gilt von A und B im Verhältnis zu C. Da aber nicht von der zeitlichen Aufeinanderfolge der Akte ausgegangen wird, ist für die Erbfähigkeit von B auch die Anerkennung durch C erforderlich, die hier jedoch versagt wird. B kann gegen C nun nichts mehr unternehmen, da eine Erklärung nicht zurückgenommen werden kann und zudem auf die Behauptungen von B als eines von der Erbschaft Ausgeschlossenen nicht geachtet wird. Cf. L. Hirsch, Wissenschaft des Erbrechts der Hanefiten und Schafeiten (1891) 25 Anm. 2.

60 Erste Ansicht: die Gültigkeit einer Ṣalāt unter Leitung eines Imāms hängt für den einzelnen Teilnehmer auch vom Imām ab, für den Imām dagegen nur von ihm selbst; nun wird der Zustand der gesetzlichen Reinheit gemäß dem Gewissen eines jeden beurteilt, aber nur mit Wirkung für ihn selbst, nicht auch für andere; daher verrichtet jeder die Ṣalāt gültig, die er als Imām verrichtet, während eine der übrigen Ṣalāts für ihn wegen der notwendig

zu erschließenden gesetzlichen Unreinheit des Imāms ungültig gewesen sein muß; da es ungewiß ist, welche Ṣalāt es war, muß er alle nachholen. Zweite, mildere Ansicht: wer die letzte Ṣalāt als Imām gültig verrichtet, von dem war eine der früheren Ṣalāts ungültig; daß eine Ṣalāt ungültig gewesen sein muß, war aber erst dann sicher, als er die vorletzte Ṣalāt unter Leitung des Imāms verrichtete; deshalb muß er die vorletzte wiederholen; für die andern ist es aber erst bei der letzten Ṣalat sicher, daß ein Gebet von ihnen ungültig gewesen sein muß; daher müssen sie die letzte wiederholen. Cf. V 61 f. Zur Beurteilung des Tatbestandes cf. V 35.

V 61 Fortsetzung der zweiten Ansicht: für den, der bei der letzten Ṣalāt Imām sein sollte, wird nichts dadurch geändert, daß die andern die letzte Ṣalāt nicht unter seiner Leitung verrichten, sondern daß er allein betet; für die andern dagegen ist es nunmehr nicht sicher, daß eine ihrer Ṣalāts wegen Unreinheit des Imāms ungültig war; daher brauchen sie nichts zu wiederholen. Cf. V 62.

V 62 Fortsetzung der zweiten Ansicht: bei Anwendung dieses Kniffes ist es auch für ihn nicht sicher, daß eine seiner Ṣalāts wegen Unreinheit des Imāms ungültig war. Die Voraussetzung des Kniffes ist kaum je praktisch geworden, zumal da bei allen bona fides verlangt wird.

V 63 Cf. IV 29, V 64; Sachau 556, 35.

V 65 Cf. V 66; Sachau 467, 24 (an unserer Stelle liegt aber kein Verschulden des Entleihers oder Mieters vor); IV 36 (nach dieser Stelle ist der Passus am Ende falsch hinzugefügt worden).

V 67 f. Cf. Juynboll 107 f.

V 70 Juynboll 292 f.; Snouck Hurgronje 195. Cf. V 95. Er beansprucht für sich Zubilligung der bona fides.

V 71 In der Übersetzung ist „noch“ für „nun“ zu lesen.

V 72 Der Gatte ist ihr 1000 Dirham schuldig als Brautgabe; durch die Scheidung vor der Kohabitation, die hier beim Loskaufvertrag vorliegt, verliert sie an ihn die Hälfte der Brautgabe, also 500, sodaß er ihr noch 500 schuldig wäre; der Loskaufvertrag selbst tritt gegen 1000 ein, sodaß er also von ihr 500 beanspruchen kann.

V 74 Der Schlußsatz gilt natürlich für alle vorgetragenen Ansichten: alle Präsumtionen zur Feststellung des juristischen Sinnes der zweifelhaften Äußerung der Kontrahenten über die 1000, gegen die der Loskauf geschehen soll, müssen zurücktreten, wenn die Kontrahenten selbst beim Abschluß des Vertrages sich über die Ansprüche des Mannes und der Frau gegeneinander nach geschehenem Loskauf äußern.

V 77 Greift auf V 72 ff. zurück und behandelt einen Spezialfall, bei dem das Haus dem Gatten zurückgegeben werden soll, ohne daß sonst irgendein Anspruch entsteht.

V 78 Sachau 33, 33.

V 79 Durch den Beweis ihrer Virginität beweist sie zugleich, daß er die Kohabitation nicht ausgeübt hat; daher braucht sie keinen Eid zu leisten; der Mann bringt aber durch seine Behauptung ein neues Moment hinein, über das ein Nebenstreit stattfindet.

V 80 Der Wahnsinnige kann keine gültige Scheidung aussprechen (Sachau 53, 29), also auch keinen gültigen Īlā' (Jus Shafiiticum 226, 20); hier ist vorausgesetzt, daß der Īlā' in einem lichten Augenblicke erfolgte, woraufhin der Betreffende wieder in Wahnsinn verfällt (cf. V 45).

82 Der Schluß ist etwa zu ergänzen: ist er dem Schuldner gegenüber haftbar, wenn der Gläubiger leugnet, sie erhalten zu haben. — Bezeichnend ist, wie auch hier das Fehlen einer Bezeugung als Regel vorausgesetzt ist (cf. V 83).

83 Hier ist etwa zu ergänzen: ist er dem Mandanten gegenüber nicht haftbar. Der ganze letzte Satz ist ziemlich überflüssig, weil selbstverständlich.

84 Ergänze etwa: gesetzt jemand sagt zu einem andern: „nach einem Monat mache ich dich zu meinem Bevollmächtigten für den Verkauf eines Gegenstandes“, so ist das ungültig; der Kniff besteht darin, daß er sagt: „ich mache dich hiermit zu meinem Bevollmächtigten. — Cf. Sachau 428, 1.

85 Cf. V 87. 104.

86 Die Wartezeit der freien Geschiedenen dauert i. a. vier Monate und zehn Tage, die der freien Verwitweten i. a. drei Menstruationsperioden; da es nun von jeder Frau unbestimmt ist, ob sie als Nichtgewählte und daher Geschiedene oder aber als Gewählte und daher Verwitwete zu gelten hat, muß sie die längere der beiden Wartezeiten durchmachen.

87 Die Ehe mit zwei Schwestern zu gleicher Zeit ist im Islām verboten (Juynboll 219; Sachau 32, 14); auf Grund einer Tradition (Ġazālī II 14, 11) wird dem Gatten die Wahl gelassen, obgleich natürlich im allgemeinen eine Ehe durch seinen Übertritt zum Islām nichtig wird, unter Umständen sogar beide (Sachau 32, 18). Entsprechendes gilt bei mehr als 4 Frauen (cf. V 85). Die erste erbt selbst nicht, weil sie vor dem Gatten gestorben ist, der Gatte beerbt sie, weil er sie überlebt hat. „Man“ sind die Verwandten des Mannes. Unklar ist, warum zugunsten der Gestorbenen präsumiert wird.

88a Die Unmündigkeit bedingt die Nichtgeschäftsfähigkeit, nicht die Krankheit; der Kniff wird vielleicht darin bestanden haben, daß der Minderjährige die Schenkung nach seinem Mündigwerden ausführt; diese Lösung wäre nicht schlechter als manche andere bei al-Qazụīnī (cf. nur V 92).

88b Ergänzung ganz ungewiß.

89 Durch eine Erklärung kann ein anderer nicht belastet werden, sie gilt vielmehr nur, insoweit der Gatte sich selbst belastet, d. h. sich das Recht zur Zurücknahme der Scheidung abspricht, was aus seiner Erklärung folgt; damit treten aber für ihn auch die erwähnten Erleichterungen ein. Cf. V 36.

90 Cf. IV 23.

91 Sachau 36, 19.

92 Sachau 36, 19. Cf. V 93f. Er beansprucht für sich Zubilligung der bona fides.

93f. Cf. V 92.

95 Sachau 447, 23—448, 9; Juynboll 293f. 314; Snouck Hurgronje 413. Cf. V 70.

96 Grenzen des Iqrār, bedingt durch logische Unmöglichkeit. Cf. aber die Ausnahme V 97 die eben logisch möglich ist.

97 Cf. V 96; Sachau 379ff. R. Grasshoff, die suftaǵa und ḥawâla der Araber. Diss. Königsberg 1899.

98 Cf. Sachau 487, 11. Hier liegt es nicht so auf der Hand, welcher Gegenstand der wertvollere ist. Nach dem Verkauf muß ein entsprechender Ausgleich zwischen den Parteien stattfinden.

99 Der Testamentsvollstrecker muß vom Testator selbst individuell bestimmt sein.

100 Ergänzung ungewiß. Es ist übrigens mit der Möglichkeit zu rechnen, daß es sich nicht um ein Legat, sondern um eine auf das Drittel beschränkte Bestellung eines Testamentsvollstreckers handelt (Ġazālī I 284, 3).

V 101 Die Rechtslage ist der Lücke in 100 wegen ganz unklar.
V 102 Er beansprucht für sich Zubilligung der bona fides (cf. Juynboll 300 Note 1; Sachau 770, 24).
V 103 Auch sonst gibt es entsprechende Bestimmungen (cf. auch z. B. F. Kern, Ṭabarīs iḫtilāf al-fuqahā' [Kairo 1320] I 10, 15ff.).
V 104 Sachau 116, 6ff. Cf. V 85.
V 105 Der Li'ān tritt nur gegenüber der Gattin ein (Jus Shafiiticum 233, 21); nach der dreimaligen Scheidung ist sie aber nicht mehr seine Gattin; daher kann der Li'ān auf ihr gegenseitiges Verhältnis keine Wirkung ausüben. Über den Kniff, eine Ehe auch nach dreimaliger Scheidung möglich zu machen, cf. Juynboll 230ff.; Sachau 67, 9; Ḫaṣṣāf 31, 12f.
V 106—109 Cf. IV 6; V 30—35; Ḫaṣṣāf Kap. 59. 78.
V 110 Die Anakoluthie des Originals ist in der Übersetzung nachgebildet.
V 111 Dies Verfahren ist ja keine Teilung, sondern nur die Fortdauer des Gemeinbesitzes, die nicht erzwungen werden kann, wenn der eine Teilbesitzer die Gleichteilung verlangt und der andere die Aufrechterhaltung des Gemeinbesitzes. Ungenau ist der Ausdruck insofern, als i. a. nur der eine, der nicht das Verlangen gestellt hat, zur Teilung gezwungen zu werden braucht (cf. aber IV 35).
V 112 Sachau 752, 13 (vgl. 753, 20). Cf. V 113.
V 113 Sachau 753, 20. Cf. V 112. Es waren von vornherein mehr Zeugen, als das Gesetz verlangt; nun treten zurück alle Zeugeu, die zur Gültigkeit des Urteils nicht erforderlich sind und außerdem einer der gesetzlich notwendigen Zeugen; jene haben (nach Sachau 753, 30) nichts zu erstatten, dieser (gemäß Sachau 754, 3) die Hälfte[1]); da nun alle zusammen ihr Zeugnis zurücknehmen, kann nicht festgestellt werden, wer jener gesetzlich notwendige Zeuge ist, und alle tragen seinen Anteil gemeinsam. Das läßt sich auch auf die Formel bringen: alle zurücktretenden Zeugen tragen soviel, wie die unter ihnen befindlichen gesetzlich notwendigen Zeugen im Verhältnis zur Gesamtzahl der gesetzlich notwendigen Zeugen zu tragen hätten. Das gilt von allen Fällen der Zurücknahme des Zeugnisses über Vermögenswerte.
VI 3 Cf. IV 76.
VI 5 Juynboll 77f. (die Rezitation der Fātiḥa ist zur Gültigkeit der Ṣalāt erforderlich, die der folgenden Formeln nicht: Juynboll 80). Cf. auch tāǧ ad-dīn ibn as-Subkī, tabaqāt aš-šāfi'ija al-kubrā (Kairo, 1. Druck) Band 4 S. 12.
VI 6 Das Vorwegnehmen einer Ṣalāt ist an strengere Bedingungen geknüpft als das Späterlegen; über das Zusammenverrichten cf. Snouck Hurgronje 105. Cf. VI 9.
VI 7 Sachau 134, 12. Cf. V 1. 16—18. 57.
VI 8 Cf. Dimašqī II 117. Es folgt der ganz verstümmelte Rest einer Frage.
VI 9 Cf. VI 6. Im Falle der Zusammenlegung beider Ṣalāts bei der Wiederholung würde sich, wenn die vergessene Siǧda zur 'Aṣr-Ṣalāt gehört hätte, diese erst bei der Wiederholung gültig verrichtete Ṣalāt nicht an die pflicht-

[1]) Beide Ansichteu bedingen einander; wenn man andererseits die zurücktretenden gesetzlich nicht erforderlichen Zeugen für ihren Anteil im Verhältnis zur faktischen Anzahl der Zeugen haften läßt (Sachau 753, 31), kann man auch vom zurücktretenden gesetzlich notwendigen Zeugen nur dasselbe verlangen (Sachau 754, 4). Dann ist allerdings dieser Kniff unmöglich.

mäßige, gültige Ẓuhr-Ṣalāt, sondern nur an ihre, zwar auch als freiwillige Ṣalāt gültige, aber überflüssige und nicht pflichtmäßige Wiederholung anschließen, was zur Zulässigkeit der Vorwegnahme der ʿAṣr-Ṣalāt nicht genügt.

10 Juynboll 295. Sachau 776, 10.

11 Sachau 8f.; § 13f. Die Annullierung der Ehe kann von der einen Partei verlangt werden, wenn ihr die Kohabitation wegen der andern unmöglich ist; hier aber wäre jede Partei, selbst wenn die andere normal wäre, von sich aus zur Kohabitation nicht imstande.

13 Cf. Sachau 793, 28.

14 Sachau 792, 27; cf. V 6.

15 $\frac{4}{27}$ im Falle von Juynboll 252, Sachau 263, 10 (cf. 248, 25); $\frac{2}{15}$ im Falle von Sachau 256, 16 (nur daß hier der Vater an Stelle des Vatersvaters tritt, cf. 248, 25ff.).

16 „In verschiedenen Schichten“: gemeint ist: in drei aufeinanderfolgenden Schichten, wobei die dem Verstorbenen am nächsten Stehende seine Enkelin ist. Die entfernteste Deszendentin geht leer aus, da alle weiblichen Deszendenten in diesem Falle zusammen nur $\frac{2}{3}$ erhalten. „Und ihm nicht der Rest der Erbschaft zugefallen ist“: nämlich weil er gleichzeitig ʿAṣaba ist, sodaß er das übrigbleibende Drittel bekäme (gegenüber der Tochter des Oheims und Großoheims väterlicherseits besteht kein Eheverbot [Juynboll 218 Anm. 1] und zugleich ist er ihr gegenüber als Sohn des Oheims oder Großoheims väterlicherseits ʿAṣaba [Juynboll 212 Nr. 3; Sachau 186 § 5 Nr. 11. 12]); falls er nicht ʿAṣaba ist (also, wie vorausgesetzt, überhaupt keine ʿAṣabāt vorhanden sind), fällt das Drittel nach dem Rückfallerbrecht den Quotenerben zu (Juynboll 244; Sachau 211, 17), wenn der Fiskus, der es sonst erhalten sollte, nicht richtig verwaltet wird, was als selbstverständlich vorausgesetzt ist; cf. Snouck Hurgronje 370.

17 Sachau 263, 20. Die Rechenoperation, die im zweiten Falle ausführlicher behandelt wird als im ersten, bezweckt lediglich die Umsetzung der Anteile an dem zweiten Nachlaß in solche an dem ersten; diese für uns sehr einfache Operation wird im islāmischen Recht nach einer uns umständlicher anmutenden Methode durchgeführt, für deren Erklärung auf L. Hirsch, Wissenschaft des Erbrechts der Hanefiten und Schafeiten (1891) 63ff., verwiesen sei. Auffällig ist, daß das Rückfallerbrecht (cf. zu VI 16) nicht berücksichtigt ist, bei dessen Anwendung die Verschiedenheit der beiden Fälle viel stärker würde.

18 Die Gattin erhält $\frac{1}{8}=\frac{3}{24}$, die Großmutter $\frac{1}{6}=\frac{4}{24}$, die beiden Töchter $\frac{2}{3}=\frac{16}{24}$, sodaß $\frac{1}{24}$ für die ʿAṣabāt, die Brüder und die Schwester, übrigbleibt; nun ist der Anteil jedes Bruders doppelt so groß wie der der Schwester, die infolgedessen $\frac{1}{25}$ des ihr und den Brüdern zukommenden Vierundzwanzigstels erhält, und das ist $\frac{1}{600}$ der ganzen Erbschaft, also 1 Dīnār. Dieser Fall, der nicht die geringste Unregelmäßigkeit bietet, ist als al-masʾala ad-dīnārīja, d. h. Dīnārfall, bekannt.

19 Der Name für den Fall bedeutet: Fall, in dem die (vielen) Witwen vorkommen.

كتاب
الحيل في الفقه

للشّيخ الإمام ابى حاتم محمود بن الحسن بن محمد بن
يوسف بن الحسن بن محمد بن عكرمة بن انس بن
مالك الأنصاري الطبري
القزويني
الشافعي

نشره واعتنى بتصحيحه

يوسف شَخْت

١٩٢٤

كتاب الحيل فى الفقه

للشيخ الإمام العالم العلّامة ابى[a] حاتم محمود بن الحسن القزوينى نفعنا اللّه بعلومه

امين

I1 بسم اللّه الرّحمٰن الرّحيم . ربّ يسّر وأعن يا كريم فأنت
حسبنا ونعم الوكيل. ولا حول ولا قوّة إلّا باللّه العلىّ العظيم.
قال الشّيخ الإمام ابو حاتم محمود بن الحسن القزوينى[b]: الحيل
2 على ثلاثة اضرب ، محظور ومكروه ومباح * فالمحظور لا
ينبغى للفقيه أن ينبه العامّة عليه ومن حقّه ان يعرّفه للفقهاء
لتعلقه بالفقه[c] وحاجته الى جوابها اذا وقعت. والمكروه فيكره
له تنبيه غيره عليه . والمباح يلزمه تعريفه عند السؤال ويجب
3 الإطلاع عليه * وأنا اشير الى كلّ نوع منها[d] ليعلم[d] طريقه
ويكون مرشدًا الى محالّه والى مجانسه حامدًا اللّه ومصلّيًا
على رسول اللّه صلّى اللّه عليه وسلّم

II1 باب بيان الحيل المحظورة قال الشّيخ الإمام[e]: ان اغاب زوج
المرأة وترك لها قدر النفقة او لم يترك والحاكم فى ذلك البلد

---

[a] ابو | [b] + رحمه اللّه | [c] + كذا | [d] منها على كى يعلم (عند): على gestrichen, لي (mit Strich darüber) mit يعلم verbunden
[e] + رحمه اللّه

لا يرى التفريق بين الزوجين لمكان العجز عن النفقة او
كان الزوج حاضرًا وكرهت المرأة مصاحبته فإن ارتدّت
بعد الدخول وصُبر عليها الى أن انقضت عدّتها ثم اسلمت
لم تُقْتَل لأجل عودها الى الإسلام وبطل النكاح بأنقضاء العدّة
* وإن كانت قبل الدخول فإذا احتالت وأرتدّت بطل النكاح 2
فإن عادت الى الإسلام لم تُقْتَل ولم يعدْ النكاح صحيحًا * فإن 3
كانت المرأة بكرًا يخطبها مَن يكافئها وهى كارهة له وخشيت
أن يزوّجها منه ابوها او جدّها فأحتالت وقالت هذا الخاطب
اخى من الرضاع لم يصحّ تزويج[a] الأب اياها * وكذلك لو 4
أنّ امة خشيت أن يزوّجها سيّدها من غير إذنها من رجل
بعينه فأحتالت وقالت هو اخى من الرضاع لم يصحّ أن يزوّجها
منه * ولو أنّ رجلا سرق ما يُقْطَع به يده وأقيمت عليه 5
بذلك البيّنة وأريد إقامة الحدّ عليه فقال ما سرقت كان لى[b]
او الدار التى دخلتها دارى او الرجل الذى يدّعى ذلك عبدى
سقط عنه الحدّ * ولو أنّ رجلا فى يده شىء قد غصبه 6
على غيره فرأى الغاصب الإنكار وأراد المدّعى استحلافه[c]
فأحتال وقال إنّ الشىء لولدى الصغير سقط اليمين عنه

---

a ان يزوج: ان gestrichen, يزوج in تزويج verbessert |
b + غيره (gestrichen) | c استخلافه

7 وهو فعله[a] محظور* ولو قال احلف أنّك ما حلّفتني بهذه[b]
الدعوى عند الحاكم صحّ ولم يسقط اليمين عن نفسه ومن حقّ
8 المدّعى أن يحلف او يردّ اليمين* وإذا جرح رجل رجلا وخشى
أن يموت فيقتصّ منه فاْحتال[c] وجعل[c] تحته شيئًا محدّدًا حتى
ينقلب عليه فيصير مجروحًا او ارسل عليه كلبًا او اشلى[d] عليه
9 سبعا فافترسه سقط القصاص عنه فى اصحّ المذهبين* وإذا
قتل امّ زوجته وثبت القصاص عليه لامرأته ولا[e] عصبة[e] للمقتولة[e]
فاْحتال وقتل زوجته وله منها ولد سقط القصاص عنه فى حقّ
10 المقتولة الأوّلة ولم يجب فى حقّ الثانية* وإذا مرض الرجل وله
امرأة يريد إسقاط ميراثها وحاكم البلد ممّن يرى توريث
المبوتة[f] فاْحتال وقال كنت طلّقتها ثلاثا فى صحّتى فإذا مات
11 لم ترث عنه* ولو اقيم البيّنة أنّ هذا الشئ وهو[g] نصاب[g]
كامل كان فى يده من اوّل الحول الى آخره وهو يريد إسقاط
الزكاة عن نفسه فاْحتال وقال[h] بعته ثمّ اشتريته قُبل قوله فإن
كان الشئ ممّا تجب الزكاة فى قيمته وثبت عليه أنّه كان يتجر
فيه فإن قال[a] كنت نويت فى بعض السنة للقنية قُبل قوله ولم
12 يؤخذ منه الزكاة* ولو أنّ رجلا فى صوم شهر رمضان اراد

---

a + المدعى | b بهذا (gestrichen) | c فاحتال فدفع اليه دَوًلى (sic) حتى داوى به جرحه او جعل له | d اشلا | e ولعصبة المقتول | f المبنوتة | g هو نصابٌ (sic) + قبل قوله فان كان الشى مما تجب الزكاة فى قيمته وثبت (Zusatz gestr.) ||

المجامعة وعلم أنّه اذا جامع تجب عليه الكفّارة فاحتال ونوى قطع
النيّة او إبطال الصوم او أكل ثمّ جامع لم تجب عليه الكفّارة*
ولو أنّ محرمًا تحقّق أنّه يفوته الحجّ . . . ويلزمه القضاء في اصحّ 13
المذهبين* ولو أنّ رجلا كان عليه حقّ لرجل وصاحب الحقّ وكّل 14
وكيلا يأخذه منه وحاكمه فيه فلو احتال وأحضر صاحب الحقّ
بيّنته وقيّده ودفع اليه الحقّ ونوى بقلبه استرجاعه وحلف
عند الحاكم أنّه لا حقّ لموكّله عليه لم يحنث في يمينه وكذلك لو كانت
اليمين بالطلاق وإن استرجع بعد ذلك منه والله تعالى اعلم
بالصّواب

باب بيان الحيل المكروهة وإذا بقي من حول ماله يوم[a] او اقلّ III 1
من وجوب الزكاة عليه فاحتال ووهب لابنه الصغير ثمّ استرجع
سقطت الزكاة عنه وكذلك لو وهب لابنه الكبير يستأنف[b]
وهكذا لو فعل مثل ذلك في كلّ حول* ولو كان مالا تجب الزكاة 2
في قيمته فنوى قبل حلول الحول القنية سقط الزكاة عنه* وإن 3
كان لرجل على رجل مال وثبت ذلك عند الحاكم وأريد تحليفه
على أنّه لا مال له فإذا وهب ماله لابنه الصغير وأريد تحليفه
فحلف على أنّه لا مال له لم يحنث وإن استرجع بعد ذلك وكذلك
اذا صرفه في دين امرأته ثمّ حلف* ولو علم الرجل أنّ شاهدين 4

---

b فقال انه كان ‖ a يوما ‖ b ويستانف

يشهدان عليه بحقّ او يشهدان عليه وعندهما أنّهما يشهدان
بحقّ كأنّهما لم يعلما بالقضاء ومَن عليه الدين قضى الحقّ فلو
خاصمهما ورافعهما الى الحاكم وادّعى عليهما لم تُقبل شهادتهما
عليه والله تعالى اعلم بالصّواب

IV1 باب بيان الحيل المباحة وإذا كان رجل يخاف من فوات الحجّ
لضيق الوقت فالحيلة أن يحرم احرامًا مطلقًا فإن ادرك عرفة
عيّنه بالحجّ وإن لم يدرك عيّنه بالعمرة ولا يلزمه بالفوات قضاء
الحجّ وإن كان في ابتدائه عيّنه بالحجّ ثمّ فاته الحجّ لزمه المضى في
اعمال الحجّ المقصودة ويلزمه دم للفوات والقضاء ودم آخر *
2 ولو أنّه مرّ على الميقات غير مريد للحجّ ولا للعمرة فأدرك عرفة
3 فأحرم بالحجّ كان مدركًا للحجّ ولزمه الدم * والحيلة في أن لا يقع
على الطلاق أن يقول لزوجته كلّما طلّقتك فأنت طالق قبله ثلاثًا
فلا يقع الطلاق عليها بوجه بعد ذلك قاله[a] جماعة من اصحابنا
لأنّ التضادد حاصل بينهما فإنّا لو اوقعناه[b] عليها لاستدللنا
على وقوع الثلاثة قبله وإذا اوقعنا ثلاثة قبله لم يقع هو وإذا
لم يقع هو لم يوجد[c] الصفة فلا يقع ايضًا قبله الثلاثة[d] *
4 وإذا قال الرجل لامرأته إن لم اقل لك مثل قولك فأنت طالق
ثلاثًا فقالت المرأة لزوجها انت طالق ثلاثًا فالحيلة فيه أن

---

a قال | b وقعنا (als Kolophon und im Text) | c يجد | d الثلاث

يقول الرجل لزوجته انتِ قلتِ لي انتِ طالق ثلاثًا فإذا قال على
هذا الوجه فقد ذكر مثل قولها فخرج من عقد الطلاق الأوّل
ولم يقع بهذا اللفظ الطلاق لأنّه ذكره على وجه الحكاية عنها
* وإذا قال الرجل لامرأته إن لم تخبريني بعدد حبّات هذا 5
الرمّان من غير[a] كسره فأنت طالق ثلاثًا فالحيلة فيه أن تذكر
المرأة اعدادًا وتنصّ على كلّ واحد منها الى أن تنتهي الى
عدد تعلم يقينًا أنّ عدد حبّاته لا يزيد عليه[b] فإذا فعلت
ذلك لم يقع الطلاق لذلك لأنّها ذكرت عدد الحبّات وإن
زادت عليه[c] * وإن كانت بفيها تمرة فقال إن اكلتيها فأنت 6
طالق ثلاثًا وإن امسكتيها فأنت طالق ثلاثًا وإن رميتيها
فأنت طالق ثلاثًا فالحيلة فيه أن تأكل النصف وترمي النصف
ولا يقع الطلاق عليها لأنّها عدا الأشياء الثلاثة فإنّ قوله
إن اكلتيها يقتضي اكل الكلّ وإمساك الكلّ ورمي الكلّ
وهي لم تفعل واحدة منها * وإذا ارادت المرأة أن تتزوّج 7
ولها ولد صغير وأن لا تسقط حقّ حضانتها فالحيلة فيه أن
تتزوّج بعمّ المولود لئلّا يسقط حقّ الحضانة * وإذا طلّق 8
الرجل زوجته والولد صغير يكون مع الأمّ فالحيلة في أن
يسقط الرجل حقّ حضانتها ويسترجع ولدها بأن ينتقل[d]

---

a غيره b عليها c عليها d ينتقل

9 الى بلد آخر فيكون الولد مع الأب * فإذا ارادت المرأة
استرجاع الولد فالحيلة فيه أن تنتقل[a] الأمّ الى بلد الرجل وتكون
10 احقّ بحضانته منه * وإذا قال الرجل لامرأته انت طالق غدًا
ثلاثًا فالحيلة ان لا يقع عليها[b] الثلاث فهي[c] أن يخالعها بطلقة
واحدة على بدل ثم يتزوّجها ثانيًا فإذا جاء الغد لا يقع عليها
الطلاق فى اصحّ القولين لأنّه تخلّل زمانٌ لا يقع فيه الطلاق
ولو امهل حتى انقضى ذلك[d] اليوم ثمّ تزوّجها بعده لم يقع
11 الطلاق قولا واحدا * وإذا دبّر السيّد عبده اعتُبر من
الثلث والحيلة فى ان لا يُعتبر من الثلث أن يقول اذا مرضتُ
مرضًا اموت فيه فأنت حرّ قبله بساعة فإنّه اذا مات عتق
ويُعلم أنّ العتق كان سابقًا عليه فلا يُعتبر من الثلث لأنّ
12 العتق يقع فى حال الصحّة لا فى حال المرض * وإذا كانت
المرأة واقفة على سُلَّم فقال لها زوجها إن نزلتِ من هذا
السُلَّم فأنت طالق ثلاثًا وان صعدتِ فأنت طالق ثلاثًا
وان بقيت فأنت طالق ثلاثًا وان اخذك منه[e] انسان
فأنت طالق ثلاثًا فالحيلة فيه أن يُقلَب السُلَّم ثمّ إن شاءت
صعدت وإن شاءت نزلت ولو وقع السُلَّم على الأرض ثمّ
13 فارقت من ساعته لا يقع الطلاق * وإذا كان فى رجل امرأة

---

a ينتقل | b عليه | c وهو | d + ذلك (gestrichen) | e + ثلاثا (gestr.)

قيد فقال لها زوجها إن لم تخبريني بوزن هذا القيد الذي
هو في رجلك فأنت طالق فالحيلة فيه أن تجعل[a] ماءً في
إجّانة ثمّ تجعل رجْليها فيه مع القيد ثمّ تعلّم على الموضع
الذي ينتهي الماء اليه ثمّ ترفع القيد الى ساقها ثمّ تجعل
رجْليها في الماء وتجعل مع رجْليها شيئًا[b] من الحديد الى أن
ينتهي الى الموضع الذي انتهى مع القيد ثمّ توزن[c] الحديد
فتعلم[d] وزن القيد: هو قدر وزن الحديد * وهكذا إن قال 14
لها إن لم تخبريني بوزن هذا الجمل فأنت طالق ثلاثًا تجعل
الجمل في سمارية[e] وتعلّم على الموضع الذي رسب في الماء ثمّ
تخرج[f] منها الجمل وتجعل[m] فيها متاعًا[g] الى أن يرتسب في
الماء الى القدر الذي رسب أوّل كرّة ثمّ توزن[h] المتاع فتعلم[i]
أنّ وزن الجمل مثل ذلك قال وإذا باع طعامًا[k] بطعام 15
متساويين ثمّ وجد بالذي حصل له عيبًا بعد ما حدث
عنده عيب آخر فإنّه لا يمكنه أن يردّه لحدوث العيب عنده[l]
ولا يمكنه اخذ الارش لأنّه يؤدّي الى الربا فالحيلة في ذلك
ان يدفع طعامًا الى صاحبه مثل طعام صاحبه معيبًا ويسترجع
منه طعام نفسه قال وإذا كان مع رجل دينار ومع الآخر 16

---

a + فيه ان تجعل | b شيء | c يوزن | d فيعلم | e سماوية | f يخرج |
g متاع | h يوزن | i فيعلم | k طعام | l + ويسترجع منه طعام
نفسه قال (alles gestrichen) | m وبجعل

نصف دينار وأرادا التبايع على وجه يصحّ فالحيلة أن يبيع
دينارًا بدينار غير معيّن ثمّ يأخذ من صاحبه نصف دينار
بدلا ممّا عليه ثمّ يقرض صاحبه ثمّ صاحبه يردّه عليه قضاءً
ممّا عليه من بدل الدينار ويبقى فى ذمّته نصف دينار قرضًا
17 من صاحبه الذى اخذ منه*[a] وإذا كان معه دينار مكسّر
وأراد بيعه مع الإستفضال فالحيلة أن يبيع[b] المكسّر بمثلها
من الصحيح ويهب له الزائد او يشترى منه بالدينار المكسور
شيئًا[c] من النقرة او المتاع ثم يبيع منه بما يتّفقان عليه من
18 الصحيح قال وإذا ارادا[d] الشركة[d] فى العروض فلا يصحّ فالحيلة
فى تصحيحها أن يبيع كلّ واحد منهما نصف عرضه بنصف
عرض صاحبه مشاعًا ويأذن كلّ واحد منهما لصاحبه فى
التصرّف. هذا اذا كان[e] قيمة العرضين سواءً. فإن كانا
متفاوتين بأن كان احد العرضين يساوى درهمين والآخر
يساوى درهمًا فالحيلة فى تصحيح الشركة على وجه لا يحصل
الغبن لواحد منهما أن يبيع صاحب العرض الذى قيمته
تساوى درهمًا[f] ثلثى عرضه بثلث عرض صاحبه مشاعًا
فيكون سلعتين جميعًا بينهما على الثلث والثلثين فيشتركان

---

a + ثم انه يرده عليه قضا نصف دينار (الدينار lies) الذى بقى عليه من الثمن ثم يتفرقان وقد بقى على المسلم (streiche dies Wort) المشترى نصف دينار عن القرض | b + من | c شى | d اراد الشركة | e + كل واحد منهما

فيهما ويكون الربح بينهما على الثلث والثلثين اذا اطلقا عقد[a]

19 الشركة قال والصلح على الإنكار باطل لا يصحّ والحيلة فى تصحيح

ذلك أن يجيء رجل فيقول للمدّعى[b] هو عالم أنّك صادق فى

دعواك والمدّعى عليه يقرّ بذلك وأنا وكيله فصالحنى على كذا

فان[c d] كان ما فى يد المدّعى عليه عينًا[c e] جاز ثمّ ينظر فإن

فعل ذلك بإذن[f] المدّعى عليه يرجع بما دفع ولم يرجع إن

كان بغير إذنه وإن كان المدّعى عليه امره بذلك ودفع اليه

20 مالا ليصالح عنه صحّ قال وإذا كان معه إناءان احدهما فيه

ماء طاهر والآخر نجس ولا يعرف النجس منهما ولا يمكنه التمييز

فالحيلة فى[g] أن يصلّى بتيمّم على وجه لا تجب عليه إعادة

أن يصبّهما معًا ثمّ يصلّى بالتيمّم او يصبّ احدهما فى الآخر

ثمّ يتيمّم ويصلّى ولا إعادة عليه ولو أنّه صلّى مع الماء

21 على حالتهما كان عليه إعادة الصلاة * وأمّا الحيلة فى أن

يصلّى بالوضوء أن يتوضّأ بأحدهما ثمّ يصبّ ماء احد

الإنائين ثمّ[h] يتوضّأ بالثانى ويصلّى وتصحّ صلاته فى قول

22 الجماعة من اصحابنا قال وإن[i] وكّل رجل رجلا ليشترى له

جارية بعشرة دنانير وقال الموكّل اذنت لك فى شرائها بعشرة

نصف عرضه بنصف عرض صاحبه مشاعا و يأذن كل (alles gestr.) | f دراهم |

steht hinter المدّعى b | c–c hier folgt der Passus c–c | b übergestrichenem على a

aus i | (neue Zeile) ثم + h | fehlt g | aus بان verbessert f | عيبا e | ان d

وقد اشتريتها بعشرين فقال الوكيل امرتنى أن أشترى بعشرين
وقد اشتريتُها بعشرين فالقول قول الموكِّل والجارية تكون فى الحكم
للوكيل الذى[a] اشترى فى الذمّة وهو ضامن للمال ولا يطأها والحيلة
فى أن يحلّ له وطءها ان يقول الموكِّل للوكيل إن كنتُ اذنتُ لك
فى ابتياعها بعشرين فقد بعتُكها[b] بعشرين فإذا فعل ذلك على هذا
الوجه وقبل الوكيلُ حلّ له وطءها فى قول المزنى رحمه الله
23 وهو الأظهر من المذهب قال وإذا دفع اليه وديعة فتلفت
عنده او تلف الشىء فى يد الوكيل وكان للدافع شاهدان على
الدفع غير أنّه لم[c] يُقِمْهما[c] فالحيلة أن يحلف وإذا اقيمت البيّنة
لا يؤخذ منه القيمة أن يقول ما لك عندى شىء ويحلف على
ذلك فإذا اقيمت البيّنة على[d] أنّه اخذ فله أن يقول صدقت
البيّنة وقد تلف المأخوذ عندى وإن قال ما اخذتُ منك
شيئًا وحلف على ذلك وأقيمت البيّنة عليه بالأخذ أُخذت
منه القيمة فالحيلة فى أن يحلّف المدّعى أن يقول إنّ المدّعى
يعلم تلف ذلك حلف المدّعى على اصحّ المذهب قال وإذا لم
24 يدّعِ ذلك لا يمكنه أن يحلّفه ويؤخذ منه القيمة * فالحيلة فى
قسمة الثمار قبل بدوّ الصلاح على رؤوس النخيل اذا كانت
بين رجلين نخلتان وعليهما ثمرة لم يَبْدُ صلاحها وأرادا[e]

---

[a] ان ‖ [b] + منك ‖ [c] ان [2] بعهما (sic) ‖ [d] + ذلك ‖ [e] واراد | واذا verbessert

قسمتها فأنّ احدهما يشترى نصف[a] النخلتين بنصف[b] الثمرتين
التى عليهما بشرط القطع فتحصل النخلتان لواحد والثمرتان[c] للآخر
ويحتاج الى شرط القطع وإن كان بعد بدوّ الصلاح فيصحّ
على هذا الوجه غير أنّه لا يحتاج الى شرط القطع * ويصحّ 25
ايضًا من وجه آخر وهو أن يبيع احدهما نصف النخلة من
صاحبه بنصف الثمرة التى على النخلة التى بيع نصفها ويبيع
الآخر نصف النخلة من صاحبه بنصف الثمرة التى حصلت
نخلتها[d] له فيحصل لكلّ واحد منهما جميع النخلة بثمرتها *
26 ... وقيل يصحّ على هذا الوجه فى الثمار اذا لم يَبْدُ صلاحها
ولا[f] يحتاج الى شرط القطع لحصول الثمرة على نخلته وهو
ضعيف لأنّ ذلك كالبيع فى الحقيقة وبيع الثمار قبل بدوّ
الصلاح لا يجوز إلّا بشرط القطع ويخالف اذا بيع مع النخل
27 لأنّها تابعة لأصل النخلة ولذلك لا يحتاج الى ذكرها قال وإذا
اراد أن يأخذ ببدل المسلَم فيه شيئًا آخر لم يصحّ والحيلة فى
تصحيح ذلك أن يتفاسخ المتعاقدان عقد السلم فيثبت فى
ذمّة البائع الثمن ثمّ أنّه يدفع الى المشترى ما يصحّ تراضيهما
عليه سواء كان من جنس المسلَم فيه او لم يكن ويُعتبر أن
28 يتقابضا[e] قبل التفرّق لأن لا يصير بيع دين بدين * والرهن

---

a احد | b + الما (gestr.) | c والثمرتين | d ثمرتها | e يبد و (getilgt) | f و

لا يصير مضمونًا على المرتهن فالحيلة فى أن يصير مضمونًا أن يعيره
ثمّ يرهنه عنده فيكون مرهونًا عنده مضمونًا عليه إن تلف*
29 والعارية مضمونة والحيلة فى أن لا تتضمّن اذا استأجر الشئ
بأقلّ القليل وانتفع به ثمّ إن تلف فلا[a] ضمان عليه غير
المسمّى لأنّه صار مقبوضًا عن اجارة والمقبوض عن اجارة
30 لا يكون مضمونًا قال وإن استعار منه وقال له المالك أتلفه
31 وبدّده فلو تلف فى يده فلا ضمان عليه* والحيلة فى إسقاط
الشفعة أن يشترى بثمن معيّن غير موزون فلا تثبت الشفعة
على مذهب الشافعى رضى الله عنه دون مذهب ابى العبّاس
لأنّ الشفعة إنّما تثبت للشفيع اذا كان الثمن معلوم المقدار
ليأخذ الشفيع الشقص[b] بمثله وهاهنا يتعذّر ذلك لجهالة قدر
32 الثمن* وإن اشترى بثمن موزون ثمّ قال المشترى إنّى لا
اعرف قدر الثمن او خفى ذلك على حلف منه لم[c] تثبت الشفعة
على مذهب الشافعى رضى الله عنه. قال ابو العبّاس يقال للشفيع
ادّع[d] أنّه اشترى بقدر من الثمن فإن حلف المشترى على
أنّه ما[e] اشترى بذلك فذلك وإلّا جعلناه ناكلا ويحلف
33 الشفيع ويأخذ بالشفعة قال ولو أنّه وهب المالك الشقص من
رجل ثمّ أنّ الموهوب له وهب من بدله شيئًا صحّ ولم يثبت

+ يصح (بهما) (gestr.) [a] يتقابضان [b] لا [c] الشخص [d] ولم [e] ادّعى [e] fehlt

فيه الشفعة* فإن اشترى شقصا فيه شفعة بألف درهم وهو 34
يساوى عشرة دراهم ثمّ دفع الى البائع عوض الألف جارية
او ثوبًا او شيئًا يساوى عشرة دراهم فالشفيع إن اراد الأخذ
بالشفعة اخذ بالألف* وإن كانت الأرض مشتركة بين 35
رجلين وهى محتملة للقسمة وطالبه صاحبه أُجْبِر على القسمة
فإن اراد إبطال مطالبته بالقسمة وقف جُزْءًا يسيرًا على
مَن اراد فإذا فعل ذلك ابطل مطالبته بالقسمة على المعوَّل
من المذهب قال ولو اشترى شقصًا فيه شفعة والشفيع 36
غائب فلو بنى المشترى على الأرض كان للشفيع اذا رجع
مطالبته برفع البناء ولا يلزم نقصان[a] البناء فالحيلة أن
يلزمه إمّا قيمة البناء إن يأمره بدفع[b] البناء او التزام[c]
نقصانه بين ان يكون قائمًا ومرفوعًا أن يجمع الى الحاكم ويصحّ
الشراء* فإن كان الشفيع غائبًا ويطلب المشترى القسمة 37
فإذا قسم ثم بنى المشترى فعاد الشفيع وأخذ الشقص
يحتاج الى التزام احد الأمرين على ما مضى لك قال ولو 38
اشترى شقصًا فيه شفعة فقبل أن يأخذه الشفيع وقف
المشترى ما اشترى بطل حقّ شفعته على ما يحكى عن ابى
اسحق وهو قول ضعيف* ولو اشترى من الشقص شيئًا يسيرًا 39

---

a يقصان | b برفع (als Kolophon und im Text) | c بالتزام

ثمّ اشترى باقيه فجاء الشفيع فله أن يأخذ النصف الأوّل
بالشفعة ولو اراد ان يأخذ الثاني: يحكي عن ابي العبّاس أنّه
لا يأخذه[a] جميع الشقص الثاني لأنّ المشتري لمّا اشتراه
كان هو ايضًا شريكًا[b] فهو بمنزلة إن يشتري[c] احد الشركاء
نصيبًا لم يجُزْ لصاحبه أن يأخذ منه الكلّ فعلى هذا اذا
احتال وفعل على هذا النحو كان الأمر على ما تقدّم وأصحابنا
40 يضعّفون هذا القول* والمزارعة فاسدة فاذا دفع الى
الأكّار البذر ليحرث الأرض ويزارع الأرض على أن يكون
نصف الغلّة للأكّار[d] والنصف لصاحب الأرض لم يصحّ
والغلّة تكون لصاحب البذر ويستحقّ الأكّار عليه اجرة
مثله فيما عمل فإن كان البذر من الأكّار كانت الغلّة له
ويستحقّ صاحب الأرض اجرة مثل ارضه قدر ما كانت
الأرض في يديه وإن كان البذر لهما فإنّ الغلّة بينهما نصفان
ويستحقّ صاحب الأرض على الأكّار نصف اجرة المثل
للأرض ويستحقّ الأكّار نصف[e] اجرة مثله فيما عمل في
الأرض يتقاصّان ذلك وصاحب الفضل يرجع على صاحبه
41 بالفضل* والحيلة في تصحيح المزارعة أن ينظر الى الأرض
صاحب الأرض[f] والأكّار إن لم يتقدّم رؤيتهما ثمّ أنّه

---

a + كذا | b شريك | c يشتري | d fehlt | e مثل | f ر aus b verbessert

يؤاجر صاحب الأرض نصف الأرض مشاعًا من الأكّار ليزرع
لنفسه ببذره سنة او مدّة معلومة على أنّه يزرع له النصف
الآخر ببذره قدر مدّة الإجارة ويحفظه ويسقيه ويحصده
ويذريه فإذا فعلا على هذا الوجه اخرجا[a] البذر النصف
للأكّار والنصف الآخر لصاحب الأرض ويخلطانه ثمّ اذا زرع
الأكّار الأرض بذلك البذر فتكون الغلّة بينهما نصفين[b] ولا
42 يثبت التراجع قال وإذا اراد صاحب الأرض أن يعود اليه
ثلثا الغلّة آجر ثلث الأرض مدّة معلومة على أن يزرع له مدّة
الإجارة ثلثيها[c] ببذره ويخرجان البذر الثلثين[d] لصاحب
الأرض والثلث للأكّار ويخلطانه فإذا زرع الأرض بذلك
43 كانت الغلّة لصاحب الأرض الثلثين والثلث للأكّار* وإن
اراد الأكّار ان يحصل له الثلثان ولصاحب الأرض الثلث
آجر صاحب الأرض ثلثي الأرض ليزرع لنفسه ببذره على
أن يزرع له الثلث منها ببذره مدّة الإجارة ويخرج
صاحب الأرض ثلث البذر والأكّار ثلثي البذر ويخلطانه
فإذا زرع الأرض بذلك كانت الغلّة لصاحب الأرض الثلث
44 وللأكّار الثلثين قال وإذا كانت الأرض بين النخيل فالحيلة
في تصحيح المزارعة فيها ان يجمع بين المساقاة والمزارعة

---

a اخرج ا b نصفان ا c ثلثيهما ا d الثلثان

45 فيصحّان ولو أُفرِد المزارعة عن المساقاة لم يصحّ قال والحيلة
فى تصحيح الوقف على ملكه أن يقف على نفسه ثمّ على من اراد
ثم يمرّ الى الحاكم لينفذ ذلك فيصحّ ذلك حينئذ وإن لم
يحكم الحاكم لم يصحّ الوقف على نفسه على اصلنا وقال الزبيرى[a]
يصحّ وهو غلط لأنّ ذلك نوع تمليك[b] فلا يصحّ أن يملّك
نفسَه مالَ نفسِه كما لا يقدر أن يبيع مال نفسه من نفسه.
وقال بعض اصحابنا ولو احتال فوقف على رجل شهرًا او
اقلّ او اكثر ثمّ على نفسه بعده ثم تبيّن سبيله يكون وقفًا
46 على ما شرط ويصحّ عليه ايضًا قال وإذا خشى الابن أن
يرجع الأب فيما وهب له او المرأة خشيت أن يطلّقها
الزوج قبل الدخول ويسترجع منها نصف ما اصدقها
فإذا احتالا وباعا ذلك الشىء من رجل ثمّ استقالا فيه
او اشتريا من المشترى او وهبا من ابنهما ثمّ رجعا فى الهبة
فلا يجوز للأب الرجوع ولا للزوج اذا طلّق قبل الدخول
استرجاع نصفه بل يرجع الى نصف قيمته يومَ اصدق
47 او يومَ اقبض[c] لها على المذهب الصحيح قال والحيلة فى
أن لا يقدر الرجل على الظهار او الإيلاء أن يقول مهما
ظاهرت منكِ او آليت منكِ فأنت طالق قبله ثلاثًا فظاهر

---

[a] الزبير [b] بتمليك [c] لهما

او آلى لم يصحّ الظهار ولا الإيلاء ولم يقع الطلاق لأنّه اذا
قال لها انت على كظهر امّى فلو قلنا هو ظهار لَوَقَعَ الطلاق
48 قبله وإذا وقع ظهار لم يقع الطلاق ايضًا * والحيلة فى أن
لا يمكنه[a] بيع عبدِ نفسِه أن يقول متى بعتك فأنت حرّ قبله
فإذا باع بعد ذلك لم يصحّ البيع ولم يقع العتق وإنّما كان
كذلك لأنّ البيع لو صحّ لَوَقَعَ قبله العتق وإذا وقع قبله
ذلك لم يكن بيعًا وإذا لم يصحّ البيع لم يقع العتق فوُجِدَ
49 بينهما التنافى والتمانع فلذلك لم يُنْفَذْ واحد منهما قال وإذا
اسر الإمامُ البالغَ من أحرار الكفرة[b] فله الخيار بين القتل
والمنّ والفداء والإسترقاق فإذا احتال لإسقاط القتل عنه
وقال انا ابدل الجزية سقط عنه القتل اذا كان ذلك
50 الكافر ممّن يجوز حقْن الدماء بالجزية قال وإذا اشترى
الوكيل بإذن الموكّل شيئًا ووجد به عيبًا فله الردّ ولا
يجوز للبائع تحليف الوكيل أنّ الموكّل لم يرض فالحيلة
فى أن يقدر على تحليفه أن يقول قد رضى به الموكّل
والوكيل يعلمه فله أن يحلّفه على أنّه لا يعلم أنّ موكّله قد
51 رضى قال ولا يجوز للمكاتب الإرتهان والحيلة فى جواز ذلك
أنّه يبيع ما يساوى مائة بمائة وعشرة فيأخذ المائة عاجلا

---

a يملك إيك احرام الكفارة

52 وٱلرهن في العشرة وقيل يجوز أن يأخذ الرهن بٱلكلّ قال وإذا
وكّل وكيلا بمحاكمة مَن يدّعي عليه ثمّ غاب عن البلد وكان
الحاكم حنفيًّا لا يرى الحكم على الغائب فٱدّعى الحقّ على الموكِّل
بحضرة وكيله وأقام شاهدين على صحّة دعواه وأراد
الحاكم الحكم فلو قال الوكيل عزلتُ نفسي لم يقْضِ عليه وإذا
53 كان الحاكم شافعيًّا لا تتصوّر هذه الحيلة قال وإذا باع
الوليّ شقصًا ليتيم[a] له فيه الشفعة لم يثبت له الشفعة
وٱلحيلة أن تثبت له الشفعة في[b] الشقص أن يمضي الى الحاكم[c]
54 ليبيع على اليتيم ثمّ هو يأخذ بٱلشفعة قال وٱلحيلة في أن
يُسْقِط البائع شفعة شريكه أن يوكّل شريكه في بيع
نصيبه فإذا باع لم يثبت له الشفعة فيه على المذهب *
55 ولو وهب صاحب النصيب نصيبه من رجل هبةً صحيحةً
ثمّ وهب له الموهوب له[d] قيمته صحّ ولم يثبت له الشفعة
56 في الشقص قال وٱلرهن الفاسد غير مضمون وٱلحيلة في أن
يجعله مضمونًا أن يقول هذا رهن على أنّي[e] إن لم اقبض
حقّك الى وقت كذا فقد بعته منك بحقّك فهذا إن
تلف بعد مضي ذلك الوقت كان مضمونًا عليه وإن تلف قبله

a ليتيم *add.* بل | c + وإذا كان الحاكم شافعيا لا تتصور هذه الحيلة قال وإذا باع الوكيل الولى سقصا (sic; alles gestrichen) | e fehlt d | e ابى

لا ضمان عليه والفرق بينهما هو أنّ بعد مضى ذلك الوقت هو
مقبوض عن بيع فاسد فيضمن وقبل ذلك مأخوذ عن رهن
فاسد فلا يضمنه قال وإن كان له دين مؤجّل ولم يحلّ عليه 57
الحقّ فادّعى عليه الحقّ وخشى هو أن لو اقرّ به وادّعى
أنّه مؤجّل يُجْعَل فى الأجَلِ مدّعيًا على احد القولين فلو احتال
فى الجواب وقال لا يلزمنى توفية ما تدّعيه علىّ اليك الآن
وحلف على ذلك بارًا فى يمينه وسقطت عنه الدعوى فى
الحال* ولو كان[a] حالّا وهو معسر فلو حلف أنّه لا يلزمه 58
توفيره ذلك الآن[b] كان بارًّا فى يمينه ولا يقرّ أنّ له
عليه ذلك وأنّه معدم لأنّه اذا كان الحق لزمه عن
عوضِ مالٍ أخَذَه لم يُقْبَل قوله فى دعوى الإعسار إلّا
ببيّنة قال وإذا اراد المسافر فى شهر رمضان أن[c] يخرج 59
من البلد الذى هو مقرّه فلا يجوز له أن يفطر ذلك
اليوم إلّا أن يحتال فيخرج قبل انفجار الفجر ويقف
خارجَ البلد ينتظر لحوق القافلة فحينئذ له أن يفطر
قال وإذا ادّعى شيئًا فى يد رجل أنّه له فلو اقام المدّعى 60
والمدّعى عليه بيّنة كلّ واحد منهما ببيّنته أنّ ذلك له
فبيّنة المدّعى عليه أَوْلى لكون الشىء فى يده* والحيلة 61

---

a قال | b عليه + | c fehlt

فى أن تقدم بيّنة الخارج أن يقول إنّ ذلك الشئ لَغَصَبَه[a]
عليه هذا المدّعى عليه او اخذه منه ظلمًا او اخذه منه
ببيع فاسد فإذا اقام على هذا الوجه البيّنة فبيّنته أَوْلى
62 على المعوَّل من المذهب قال وإذا اسر الإمام اسيرًا[b]
أَشْكَلَ بلوغُه فأمر مَن ينظر فى عانته فإذا هو قد أنبت
فله قتله. فلو قال المنظور الى عانته مسحت دواءً لينبت
ذلك قُبل[c] قوله منه فان أُتُّهِمَ حلف فإن لم يحلف حُكِمَ
63 بلوغُه ثمّ للإمام قتله * وإذا اشترى رجل من رجل
شيئًا وقال المشترى إنّ الثمن موضوع فى الحانوت فأَمْهِلنى
الى أن آتى به وخشى البائع أن يقرّ بما فى يده لغيره
ويُبْطِل حقَّه فالحيلة[d] لإسقاط ذلك وإبطال اقراره
أن يسأل الحاكمَ الحجرَ عليه ووَقْفَ مالِه لئلّا يقدر
64 عليه قال ونفقة الأقارب لا تثبت فى الذمّة وإن حكم
الحاكم بها فالحيلة فى أن يثبت[e] ذلك أن يجىء الى الحاكم
المستحقّ للنفقة ليحكم له بها ويأذن له بالإستدانة
على المستحقّ عليه ويستدين ذلك عليه فيلزم الذى
65 يلزمه الإنفاق عليه قضاؤه قال وإذا اودع رجل عند
رجل وديعة وأكره السلطان المودَعَ على دفعها اليه

---

a لتعصبة | b اسيرًا | c قيل | d + فى ان تقدم بينة (alles gestr.) | e تثبت

فدفع ضمن فالحيلة فى إسقاط الضمان عن نفسه أن يعرّفه مكان
الوديعة قولا فإذا اخذها السلطان وهو مكره على التعريف
66 لم يجب عليه ضمانها قال وإذا اراد أن يبيع عبدًا من رجل
اجنبىّ ويضمّن من العبد على أنّه لا يبيعه فالحيلة فيه أن
يبيعه منه بشرط العتق ويلزمه العتق ولا يجوز له البيع
67 على المذهب المعوَّل قال وإذا قال السيّد لعبده كلّما
بعتك فأنت حرّ وأراد أن يبيعه فالحيلة فيه ان يبيع بيعًا
يشترط فيه أن لا خيار له فى المجلس فإذا صحّحنا هذا البيع
68 على احد المذهبين لم يقع العتق ولزم البيع قال وإذا
اقرّ الأخرس بما يلزمه القصاص فقبل أن يُقتصّ[a] منه
انطلق لسانه فالحيلة فى إسقاط القصاص عن نفسه أن
يقول لم[b] أرِدْ[c] لهم بتلك الإشارة الإقرار بالقتل فحينئذ
69 لا يُقتصّ منه على قول بعض اصحابنا دون بعض قال ولا
يجوز أن يشترى شيئًا مغصوبًا فى يد رجل غاصب او
ما كان فى الحيازة والحيلة فى جواز ذلك أن يقول
المشترى إنّ ذلك الشئ هو لك وأنا قادر على انتزاعه
من يد الغاصب او السلطان فبعه منّى بكذا فإذا باعه
صحّ الشراء فإن قدر على اخذه لم يرجع على البائع بشئ

---

a يقبض b–c لهم اردت

70 وإن لم يقدر رجع عليه بالثمن قال وإذا استأجر رجلا ليخيط له
ثوبًا بأجرة معلومة فخاطه ثم انكر صاحب الثوب وقال لم آذن
له بالخياطة فلو قال الخيّاط خيّطتُه بإذنك بكذا لم يُقبَل
قوله ويلزمه الضمان للنقص ولا يستحقّ الأجرة. والحيلة
في أن لا تسقط اجرته ولا يجب ضمانه في الحكم أن يقول
لا يلزمني ردّ هذا الثوب عليك إلّا بعد أن آخذ كذا
71 وكذا قال وإذا استأجر رجل صبّاغًا ليصبغ له ثوبًا بأجرة
معلومة فصبغ الصبّاغ ذلك وأنكر ربّ[a] الثوب أن
يكون امره بالصبغ فرام اخذ النقص منه وإسقاط
اجرته فالوجه أن يقول الصبّاغ لا يلزمني ردّ هذا الثوب
عليك إلّا بعد أن آخذ منك كذا وكذا وهذا جواب
صحيح في المسألة وفي المسألة الأولى نظر إلّا أن يكون
الغزل للخيّاط فيكون له عين يمكنه الإحتباس لاستيفاء[c]
72 بدلها قال وإذا استأجر شيئا فتلف عنده فلا ضمان
فإن انكر صاحب الشيء أن يكون اودعه او آجره وقال[b]
تلف عنده بغصب كان القول قوله إن أعترف مَن
تلف الشيء عنده حَسْبَما كان. ولكن يقول ما لك عندي
73 شيء ليكون القول قوله قال ولا يجوز بيع ماء العين ليسوقه

---

a + المال (gestrichen) | b ويقال | c لا استيفاء

الى ارضه ولا إجارته والحيلة فى ذلك أن يشترى ثلث
العين او نصفها او يستأجر هذا القدر منها فيكون ثلث
الماء او نصفه له ليسوقه الى ارضه قال ولا تُقْبَل شهادة 74
الوكيل لموكّله فيما هو وكيل فيه والحيلة فى جواز ذلك
أن يعزل نفسه قبل الشروع فى الخصومة فحينئذ تُقْبَل
شهادته على المذهب المعوَّل * وإذا توضّأ فغسل احدى 75
رجْليه فأدخلها فى الخفّ ثم غسل الأخرى فأدخلها الخفّ
لم يجز المسح عليه اذا احدث. والحيلة فى ذلك ان ينزع
الملبوس الأوّل قبل الحدث ثم يلبس ليجوز المسح عليه
قال ولا يجوز المسح على الجرموقين على المعوَّل من 76
المذهب فكذلك على الخفّ الثانى فلو فُتق الخفّ الأدنى
وإن كان يسيرًا من محلّ القدم جاز المسح عليه قال 77
وإذا اصطاد المحرم صيدًا لم يرسله حتى حلّ وجب
عليه إرساله ولا يحلّ له تملكه قال والحيلة فى ذلك أن 78
يرسله[a] فى موضع ثم يصطاد فيحلّ له تملّكه قال وإذا 79
استُحلف على شىء وخشى إن لم يحلف يحبسه الحاكم
ولم يُرِدْ ان يحلف يمينًا كاذبةً فالحيلة فيه أن يقرن
بيمينه قوله إن شاء الله سرًّا حيث يستمع هو وإن

---

[a] يرسل

80 لم يسمع غيره قال وإذا كانت المرأة تخرج من داره وحلف
الزوج بطلاقها فقال انت طالق ثلاثًا[a] إن خرجت إلّا بإذني
وخشى الزوج أن تخرج بغير إذنه عند الغضب فلو احتال
وأذن لها من حيث لا تعلم فخرجت بعد ذلك لم يحنث .
وإن كان الحلف بين يدى شهود فيأذن بين يدى شهود
كَىْ يُقْبَل قوله فى الحكم اذا خرجت أنّه كان أذن لها ✱
81 وإن قال لها كلّما خرجت إلّا بإذني فأنت طالق يقول قد
82 أذنت لها أن تخرج كلّما ارادت ولا يرجع فيه قال وإذا
رأى على ثوبه شيئًا لم يدر أنّه بول فيلزمه الوضوء
وغسْل الثوب[b] او منىّ لا يلزمه غسْله وإنّما يلزمه
الغسْل فلو احتال فى[c] طلب الأخفّ فغسَل[d] سقط عنه
الوضوء وغسْل الثوب ولا يلزمه الغسْل والأصحّ عندى
أنّه يلزمه الوضوء فى هذه المسألة لأنّ هذا القدر
متحقّق ولا يلزمه أن يغسل الثوب لأنّه قد يجوز أن
83 يكون منيًّا فلا يلزمه قال ولا[e] يحلّ اخذ الرشوة فإن
اراد الحاكم الإرتفاق او المفتى فقال إنّما يلزمنى ذلك
أن اقول بين يدى شاهدين قد حكمت لك على فلان
فلا يلزمنى كتب السجلّ لك فاستأجرنى لأكتب لك

---

a ثلاثان (ن gestr.) | b + ولا يلزمه الغسل و (alles gestr.) | c fehlt

وآخذ الأجرة على كتبته[a] لم يحرم عليه. وكذلك المفتي
لو أنّه قال للمستفتي إنّما يلزمني أن افتي لك قولا وأمّا
بذل الخطّ فلا. فإن اردتّ ذلك فاستأجرني لأكتب لك
وآخذ الأجرة على كتبته لم يحرم عليه حُكي الأوّل عن
ابي العبّاس وفرّعت الثاني على قوله قال وإذا لاعن الزوج 84
ونفى النسب ثمّ مات المولود وأخذ سائر العصبات
الفاضل عن الأمّ فلو احتال وأكذب[b] نفسه استرجع
الميراث قال وإذا لاعن فنفى النسب ثمّ جاء وقتل 85
المنفيّ اقتصّ منه. ولو قال كذبت في مقالتي وهو ابني
لم يُقتَل. وكذلك لو قتل هذه المرأة الملاعَن منها وللابن
القصاص قال وإذا حلف الرجل وقال امرأتي طالق[c] ثلاثا 86
إن صلّى فلان الجمعة اليوم وكان يوم الجمعة وخشي أن
يصلّي ذلك ويقع الطلاق فلو احتال وجمع الناس قدرا
يجوز الجمعة وصلّى معهم بعد الزوال في موضع تجوز اقامة
الجمعة بشرائطها فقد فوت على ذلك الرجل فعل صلاة
الجمعة ولو صلّى ذلك الرجل في البلد مع طائفة اخرى لم
يكن جمعة ولا يقع الطلاق * ولو أنّه لم يفعل كذلك ولكنه 87
الصق قطعة نجاسة بثوب ذلك الرجل من حيث لا يعلم هو

---

a كتبه || (gestr.) علي + b | (gestr.) على + c | ١ (sic) (gestr.) + d وتوضا | e + يلر (gestr.)

بها او طرح نجاسة هو لا يعلم بها فى الموضع الذى يسقط عليه ثيابه فصلّى مع الناس الجمعة لم يقع الطلاق لأنّ ما صلّى لم يصحّ ويجب عليه الإعادة فى اصحّ القولين

V1 باب يتضمّن الحيل من الأنواع الثلاثة[a] قال اذا تزوّج الرجل بأمة فقال لها سيّدها انت حرّة غدًا وقال زوجها وهو مريض انت طالق بعد غدًا ثلاثًا فإن مات الزوج وعلم مقالة السيّد ورثت فى اصحّ القولين. والحيلة فى أن يُسقط الزوج الميراث أن يقول بيمين سيّدها فحينئذ اذا مات

2 لم ترث[b] قال وإذا طلّق المريض زوجته ثلاثًا ثمّ مات ورثت فى اصحّ القولين. والحيلة فى إسقاط ميراثها أن يقول كنت طلّقتها ثلاثًا فى حال صحّتى ففيه قطع ميراثها حينئذ*

3 وإذا وهب المريض شيئًا لورثته لم يصحّ العطيّة اذا مات والوجه فى أن يُحكم بصحّة ذلك فى الظاهر أن يقول كنت وهبت له هذا الشئ وأقبضته فى حال صحّتى او يقرّ بأنّ

4 هذا الشئ له* ولو كان شقصًا بينه وبين وارثه وأحبّ ان يصل ذلك اليه بأقلّ من ثمن مثله وهو مريض فالوجه أن يبيع ذلك من اجنبىّ بالقدر الذى يريده اذا كانت المحاباة لا[c] تخرج من الثلث ليأخذ وارثه بالشفعة بما ابتاع

---

a الثلاث | b يرث | c fehlt

المشترى على المذهب المعوّل* وإذا ارتهن شيئًا بحقّ ولا 5
بيّنة له على ذلك وادّعى صاحب الشىء [a] أنّ هذا الشىء له
فالوجه أن يقول لا [b] يلزمنى دفع هذا الشىء اليك الّا بعد
أن استوفى كذا ولو أنّه ذكر على اىّ [c] وجه جُعل متّعيّنًا
للحقّ والرهن فاسترجع منه الرهن قال وإذا اوضح رجل 6
رأس رجل فى موضعين ولم يتّصل احدهما بالآخر فيجب
عليه عشر [d] من الإبل فلو جاء ورفع الحاجز عاد ذلك الى
خمس من الإبل قال وإذا قطع اطراف [e] رجل واجتمعت 7
ديات فجاء قبل اخذ المال [f] والاندمال وقتله عاد ذلك
الى دية واحدة* وإذا اشترى اباه [g] فى مرض موته وعتق 8
عليه لم يرث منه. والوجه فى أن يجعله وارثًا أن يتّهب من
مالكه ويهب له قدر قيمته [h] وما وقع التراضى عليه فإذا
فعل ذلك ورث الأب منه على المعوّل من المذهب. ولو
قال كنت اشتريته فى صحّتى ورث ايضًا منه* وإذا اعتق 9
امة بشرط ان يتزوج بها لم يلزمها أن تزوّج نفسها
ونُفذ العتق وعليها قيمة مثلها للسيّد. والحيلة فى أن
يُعتقها على أن يتزوّجها ويلزمها أن يقول لها اعتقتك على

---

a الحق | b fehlt | c fehlt | d عشرة | e الطراف | f الامال |
g اياه | h قيمة كذا (sic)

أنّه[a] كان فى علم الله تعالى الى أن اتزوّجك بعد عتقك فأنت
حرّة فإن تزوّجت به بعد العتق تبيّنّا أنّها كانت حرّة
من حين تلفظه[b] بالعتق لوجود شرط العتق ويصحّ النكاح.
10 قال ابن خيران هذا فيه نظر قال وإذا اقرّ أنّه قبض
المرتهن الرهن او[c] أنّ[c] الموهوب له قبض الموهوب ثمّ انكر
وقال لم يكن قد قبض ذلك لم يحلّف[d] الموهوب له ولا المرتهن.
والحيلة فى أن يقدر على تحليفهما أن يقول كنت أُخبرت
أنّهما قد قبضا ذلك فتبيّن[e] لى كذب المخبر الآن فله أن
يحلّفه حينئذ وقد قال بعض اصحابنا إن قال إنّ المرتهن
يعلم أنّه ما كان قد قبض فكذلك الموهوب له فيجوز له
11 تحليفه قال وإذا تزوّج الرجل بصغيرة مرضعة وأصدقها
مهرًا واراد إبطال النكاح من حيث لا يلزمه شئ من مهرها
فلو احتال ووضع بين يديها شيئًا فيه لبن زوجته الأخرى
او اخته حتى شربت منه وفعل ذلك خمس مرّات بطل النكاح
12 ولا شئ للصغيرة قال وإذا دفع الوديعة الى الحاكم فى البلد
ولم يكن فى عزمه السفر ولم يجد المالك ولا وكيله ضمن
وإن كان اراد السفر لم يضمن. والحيلة فى إسقاط الضمان
عن نفسه أن يسافر قبل تلف الوديعة او ادّعى بعد تلفها

---

a +ان | b تلفظ | c fehlt | d +على | e فتبين

أنّه كان على عزم السفر حين دفع الى الحاكم فحينئذ يسقط
13 الضمان قال وإذا اودع رجل عند رجل كيسًا فيه عشرة
دراهم ولم يكن مختومًا فأخرج درهمًا لينفقه ثمّ ردّ بدله
فتلف الكلّ ضمن الكلّ اذا كان ذلك يتميّز عن غيره. والحيلة
فى أن لا يصير الكلّ مضمونًا عليه أن يردّ بدله على وجه لا
يتميّز عن غيره وإن ردّ عينَ ما اخذ لم يجب ضمان الكلّ
اذا تلف سواء يتميّز عن غيره او لم يتميّز على الأظهر من
14 المذهب * وإذا كانت عنده وديعة وأراد المسافرة
ولم يجد حاكمًا ولا صاحبها ولا وكيل صاحبها ولو تركها فى
البلد ضمن وكذلك إن سافر بها. والحيلة أن يودع عند
15 امين ثقة لئلّا يضمن * وإن اراد المسافرة مع الذى
وصفنا من الحال فلو دفن فى بيته ضمن والوجه فى ذلك
16 لئلّا يضمن أن يعلّم بذلك امينًا معه فى البيت * وإذا كان
عبد بين شريكين فأراد احدهما ان يُعتِق نصيبه وأراد
الآخر مثله وكلّ واحد منهما موسر فلو أنّه اعتق احدهما
نصيبه عتق الكلّ عليه. والحيلة فى أن يُعتِق كلّ واحد منهما
نصيبه ولا يقوَّم عليه نصيب صاحبه أن يقول احدهما
لصاحبه اذا اعتقتَ نصيبك من هذا العبد فنصيبى

حرًّا مع عتق نصيبك فإذا قال الآخر اعتقتُ نصيبى عتق
17 العبد عليهما * وإذا وكّلا وكيلا فى أن يُعْتِق النصيبين عنهما
18 دفعةً واحدةً نُفِذَ العتق فى النصيبين من غير تقويم قال
وإذا احتال كاتب القبالة وكتب فى وثيقة البيع بيعًا
صحيحًا فقد اضرّ بالمشترى فإنّ المبيع اذا خرج مستحَقًّا
لم يكن للمشترى الرجوع[a] بالثمن على البائع لإقراره أنّ البيع
صحيح[b] فإنّه تضمّن ذلك أنّ البيع ليس بمستحَقّ وأنّ الذى
اخذ المبيع زعمًا منه أنّه مستحِقّ ظالم. قاله بعض اصحابنا
19 قال وإذا كتب فى وثيقة الاقرار إنّى ملىء موسر بذلك
فلا يُقْبَل دعواه الإعسار ولو أنّه كتب فيها عرفه له ولزمه
الإقرار له به فإن اراد المقرّ تحليف المقرّ له بأنّه يلزمه
توفير حقّه عليه لم يجز له ذلك ولو أنّه حذف ذلك كان
20 له اليه سبيل على المذهب المعوَّل قال وإذا ادّعى رجل عليه
حقًّا معلومًا وكان المدّعى قد ابرأ المدّعى عليه فلو قال
المدّعى عليه قد ابرأتنى[d] من هذا الحقّ لزمه الحقّ وجُعل
مدّعيًا فى الابراء.[e] ولو احتال فقال قد ابرأتنى[f] من هذه
21 الدعوى لم يُجْعَل مقرًّا بالحق قال ولا يجوز الابراء[h] والتحليل[g] عن

---

a للرجوع | b صحيحا | c الاقرار ملى | d ابريتنى | e الامر اولوا
f ابريتنى | g + الا (gestrichen) | h الابرا (sic)

الحقّ اذا جُهل مقدار المبرأ [a]. والوجه فى ذلك أن تُبرئه
من قدر ادنى الى قدر اعلى [b] من حيث تُحقّق أنّ الحقّ
داخل فى جملة الأعلى ولا يزيد عليه مثل أن يقول قد جعلتك [c]
فى حلّ من شعيرة ذهب الى مائة دينار فإذا فعل ذلك
22 كان تحليلا صحيحًا قال وإذا قال العامل فى القراض ربحتُ
الفًا وكان قد كذب لئلّا يسترجع ربّ المال منه المال فلو
قال بعد ذلك كذبتُ لم يُقْبَلْ قوله. والوجه أن يقول قد
23 تلف الألف ليُقْبَلْ قوله مع يمينه قال وإذا كان [d] سارقان
يريدان [e] النقب والدخول فى الدار فلو أنّهما نقبا ودخلا
معًا وأخذا الشئ وكان مبلغ قيمته نصف دينار يجب
24 عليهما القطع* ولو أنّه نقب احدهما وأخذ الثانى ولم
يكن فى الدار احد فلا قطع على واحد منهما. وكذلك لو
أنّ احدهما دخل الدار من فوق السطح ونزل الى الأسفل
وفتح الباب فدخل الثانى وأخذ المال لم يلزم [f] القطع
25 على واحد منهما قال وإذا اقيمت البيّنة على عبد أنّه
سرق ما يُقْطَع به اليد فقال العبد ما سرقتُه هو لى لم
26 يُقْطَع به اليد وإن كذّبه السيّد قال وإذا تزوّج العبد
بمعتقةِ قوم كان ولاء الولد لموالى الأمّ. فقد احتال السيّد

---

a المبرى | b اعلاء | c جعلت | d + معا و (alles gestr.) | e يردان | f يلزمه

27 وأعتق عبده فجرى[a] الولاء اليه قال ولا يجوز للمرأة أن
تأخذ بذل النفقة العوض فلو احتالت وتركت حتى تأتى مدة
فتستقر نفقة تلك المدة فتأخذ بذل الدراهم والدنانير
28 جاز على المذهب المعوّل قال واذا كان لرجل[b] على رجل حقّ
وهو يعترف له بين يديه ولا يعترف بين يدى[c] شهود
فالوجه أن يخفى شاهدين فى موضع يحضرهما من حيث
يريان المقرّ وهو لا يراهما وإذا سمعا اعترافه فى هذه
29 الحيلة فلهما أن يشهدا عليه قال وإذا حضر خصمه عند
رجل مصالح[d] لينظر بينهما وقال لخصمه أظهر ما بينى
وبينك فإنّ هذا لا يشهد عليك ويحاسب لنا ذلك
المصالح فإذا وُجد الاعتراف بين يديه كان[e] للمصالح
30 أن يشهد عليه قال وإذا قال والله لا آكل ما اشتراه
فلان وحلف ايضًا أنّه يأكل ما امتلكه فلان بالبيع فالوجه
أنّه يأكل ما اشتراه فلان مع آخر ولا يأكل ما اشتراه
31 منفردًا وكذلك لو كان ذلك فى الطلاق قال وإذا[f]
حلف على امرأته ان اكلتُ هذا السمن فأنت طالق
وحلف بالطلاق أنّه يأكل[g] منه[g] فالوجه[g] أن يأكل بعضه

a يجرا | b الرجل (l gestr.) | c يديه شهود | d مصلح | e هو über هه | f + قال (gestrichen) | g [illegible]: ياكل ما اشتراه منفردا ursprünglich: ما in منه verbessert, erstes ا von اشتراه ausgewischt, دا in فا (in فالوجه) ver-

ولا يأكل كلّه لئلّا يقع الطلاق قال وإذا قال والله لا آكل[a] 32
الرغيف ثمّ حلف أنّه يأكله فقال والله لآكلن هذا الرغيف
فالوجه أن يأكل بعضه دون كلّه قال وإذا حلف فقال لا 33
اشرب ماء هذه الأدواة ثمّ حلف وقال لأشربن[b] من هذه
الأدواة فالوجه أن يشرب بعض ذلك الماء دون بعضه
قال وإذا حلف بالطلاق أنّه لا يأكل هذه الحنطة ثمّ 34
رأى شيئًا لا يعلم أنّه حنطة فقال امرأتى طالق إن لم
آكل هذا الشىء فالوجه أن يطحن تلك[c] الحنطة ويأكله
خبزًا لئلّا يحنث فى واحدة من اليمينين قال ولو حلف 35
بالطلاق أنّه لا يأكل هذه الثمرة لتمييزها بعينها ثمّ وقعت
فى جملة الثمرات ولم يعرف عينها فالوجه أن يأكلها كلّها وينقى
واحدة منها لئلّا يحنث ولو اكل كلّها حنث * وإذا قال لامرأتين 36
اذا حضتمّا فأنتما طالقتان[d] فقالتا قد حضنا فالوجه أن
يكذّبهما لئلّا يقع الطلاق عليهما. وان كذّب احداهما[e] وصدّق
الأخرى وقع الطلاق على المصدَّقة[f] دون المكذَّبة[g] قال 37
وإذا طلّق الرجل امرأته ثلاثًا لم تجب لها النفقة إلّا أن تكون
حاملا فتجب النفقة[h] وفيها قولان احدهما تكون للحامل

---

bessert, Rest gestrichen || a اكلت | b لا اشرب | c ذلك |
d ظالقتين | e احدهما | f المكذبة | g المصدقة | h النغفة

والثانى للحمل وإذا قلنا للحامل تعطى قبل الوضع وإن قلنا للحمل
فهل تعطى قبل الوضع او تعطى بعده قولان بناءً على قولنا أنّ
38 الحمل متحقّق له حكمٌ ام لا * وإن طلّق بعد الدخول طلقة
رجعيّة فلها النفقة حاملا كانت او حائلا وإن كان الطلاق
على بدل فلا نفقة لها إلّا أن تكون حاملا وأمّا السكنى
فتجب لها فى هذه الأحوال كلّها وإذا طلّقها قبل الدخول
فلا نفقة لها ولا سكنى [a] فإن طلّقها فى الموضع الذى تجب
لها النفقة والسكنى على أن لا نفقة لها ولا سكنى سقط
النفقة والسكنى ولو كان هنالك ولد صغير يلزمه الإنفاق
عليه ويلزمه أن يدفع كراء حضانتها فى الموضع الذى تجب
39 النفقة والسكنى والانفاق على الولد * الوجه لإسقاط ذلك
عن نفسه وإلزامها إيّاه [b] أن يطلّقها على أن تكفل [c] ولده
خمسة عشرة سنة ويبيّن وقت الرضاع ويذكر جنس الطعام
الذى تنفقه [d] عليه بعد الرضاع وقدره وصفته والآجال التى
يحلّ فيها ويضمّ الى ذلك قدر نفقة عدّتها وجنسها من
40 الحبّ وقدر [e] أجرة السكنى قال وإذا كان له اربع نسوة
وأراد المسافرة بواحدة يحتاج أن تقضى للبواقى اذا رجع.
فإن احتال فأقرع فمن خرجت عليه القرعة سافر بها لم [f]

a + هنالك (gestr.) | b والزامه اياه verbessert aus ... | c تكفل (sic) | d نفقه | e وقدر | f وولم

41 يقض للبواقى اذا رجع قال وإذا اصدقها نخلا ثمّ طلّقها قبل الدخول
والنخل مطلّعة فلا يجوز له الرجوع الى نصف النخل والوجه فى
ذلك أن يقول أرجعُ فى نصف النخل مشاعًا ويكون الطلع لها
وأبرئهاᵃ من ضمان ذلك النصف وأصبر الى أن تجتنى الثمرة
42 فيكون له ذلك حينئذ على المعوّل من المذهب* ولا يجوز
أن يستقرض الجارية التى يحلّᶠ له وطءها. وإن احتال
واستسلمها من صاحبها فى جارية يدفعها اليه الى وقت
معلوم يصفᵇ تلك الجارية ويعدّ صفاتهاᶜ التى يختلفᵈ
الثمن بها كان السلم صحيحًا على المعوّل من المذهب
وملك تلك الجارية اذا اخذها وتفرّقا ويحلّ له وطءها
فإذا حلّᶠ الأجل دفع تلك الجارية الى المشترى بدل المسلَم
43 فيه لوجود الأوصاف المشروطة فيها* ولو أنّ رجلا يخاف
العنت ووجد طولا لحرّة لم يجز له التزويج بالأمة فلو
احتال ووهب ماله لابنه ثمّ تزوّج بالأمة ثمّ استرجع
44 المال صحّ النكاح ولم يبطل باسترجاع المال* ولا يجوز
للكافر أن يشترى عبدًا مسلمًا وإن اشترى لم يملك على
القول المعوّل ولو أنّ كافرًا وجبت عليه الكفّارة بالعتق فلو

---

a وابرها | b نصفه | c صفتها | d تختلف | e تحل | f + الحسر (sic; gestrichen)

احتال وقال للمسلم أَعْتِقْ عبدك عن كفّارتى على مائة درهم
ووصفها فقال المالك اعتقت ذلك صحّ العتق عن كفّارته
45 ولزمته المائة * وإن كانت امرأة تجنّ يومًا وتفيق يومًا
وأراد الزوج مخالعتها وخشى أن تشهد الناس أن المخالعة
كانت فى حال جنونها ويكون الطلاق لازمها عليه فالوجه أن
يقول مهما ابرأتنى من المهر الذى لها علىّ وهو كذا فهى
طالق فحينئذ تقول ابرأته عن ذلك فإن شهد الشهود على أنها
كانت مجنونة فى ذلك الوقت لم يقع الطلاق لأنّها عُلّقت بصفة
46 وهو حصول الإبراء فإذا لم يحصل لم يقع الطلاق قال وإذا علم
الرجل أنّ شاهدًا يريد أن يشهد عليه ويُحْكَم عليه بشهادته
فاحتال وادّعى على ذلك الرجل خصومة ظاهرة فقد اسقط
47 شهادته عليه قال وإذا تغيّر الماء بالنجاسة وهو قلّتان [a]
فلو احتال وطرح فيه ترابًا طهر جميعًا اذا زال تغيّرُه على
القول الصحيح. وكذلك لو صبّ عليه ماءً حتى زال تغيّرُه
48 طهر قال وإذا كان معه اناآن وفى كلّ واحد منهما ماء أقلّ
من قلّتين وكلّ واحد من المائين قد وقعت النجاسة فيه
فلو احتال وصبّ احدهما فى الآخر حتى بلغ الماآن [?] خمس
49 قِرَب طهر قال ولو أنّ دنًّا فيه خمر فانقلب الخمر خلًّا طهر ذلك

a قلتين ای المائين

وحلّ ويكون الدنّ ما قابل الخلّ طاهرًا[a] وما علا عليه نجس ممّا
50 اصابته الخمر* ولو أنّه ارسل فيه الكوز ليستقى الخلّ نجس
الخلّ كلّه لأنّه يصيب الموضع النجس من الدنّ فلو احتال ونقب
فى اسفل الدنّ والموضع الذى اذا أُخرج الخلّ فيه لم يصب
51 النجس لم يصر نجسًا وكان الخلّ طاهرًا قال وإذا استأجر
رجلا ليحجّ عنه وهو ممّن يجوز أن يُحجّ عنه فى سنة بعينها
بأجرة معلومة فلو حصل الاحصار قبل الإحرام للأجير [b]لم
52 يكن[b] له[b] شيء[b] من الأجرة وردّ الكلّ* والحيلة فى أن
يستحقّ الأجير بقدر عمله هو أن يقسط الأجرة على قدر المسافة[c]
وعمل النسك مثل أن يقول: الأجرة مائة دينار ويستحقّ من
آمُل الى الرىّ خمسة دنانير ومن الرىّ الى همذان عشرة
ومن همذان الى بغداد ثلاثين ومن بغداد الى الكوفة اربعين
ومن الكوفة الى معدن النقرة ستّون ومن معدن النقرة الى
ذات عرق سبعون والإحرام منه وتحصُّل[d] الحجّ والعمرة
بشرائطهما بمائة فإذا فعل ذلك على هذا الوجه فإذا صدّ
53 فى بعض الطريق استحقّ بالقدر قال وإذا استأجر اجيرًا ليحجّ
عنه فى سنة عيّنها عند الشروع فى اسبابها وتحصُّل[e] مقدّماتها
وفات الحجّ فى تلك السنة بطلت الإجارة ولا يجب على الأجير

---

a طاهر | b fehlt | c المسافة | d ويحصل | e ويحصل

أن يفعل عنه فى سنة اخرى. ولكن إن فات بعد الإحرام
أتمّ عن نفسه ثمّ قضى من السنة القابلة عن نفسه. وإن
كان قد صدّ عن البيت فلا قضاء عليه سواء كان قبل الإحرام
او بعده وإن كان انصرف قبل الإحرام فلا قضاء عليه *
54 والوجه فى أن يثبت الحجّ فى ذمّته هو أن يستأجر ليحجّ عنه
مطلقًا فى ذمّته ولا يعيّن فى سنة بعينها فيكون الحجّ فى
ذمّته ولزمه الإتيان به وإن فاته الحجّ فى سنة وجب عليه
55 الحجّ قضاءً قال وإذا سرق رجل من رجل شيئًا وخاف منه أن
يقول سرقتُ منك هذا الشيء فلو احتال ووهب له ذلك
56 الشيء وأقبضه برئ من ضمانها قال فإن اطعمه هو ولا يعلم
57 أنّ ذلك له برئ ايضًا على اصحّ القولين قال وإذا كان رجل
له عبد مشترك بينه وبين شريكه وهو موسر وأراد أن
يُعتِق نصيبه فلو احتال ووهب ماله بسوى نصيبه من
العبد لابنه وأقبضه ثمّ اعتق نصيبه من العبد عتق
ذلك القدر عليه ولم يقوَّم[a] عليه الباقى لإعساره ثمّ استرجع
ماله من ابنه ولم يتجاوز العتق عن الذى اعتقه من النصيب
58 قال ولو كان له عبد لا مال له سواه وأراد أن يُعْتِق نصف
عبده[b] فلو أنّه اعتق نصفه عتق عليه كلّه. ولو احتال ووهب

---

a + ذلك | b عتق

نصف العبد لابنه وأقبضه ثمّ اعتق نصفه عتق ذلك
القدر، ثمّ لو استرجع النصف الآخر من ابنه لم يتجاوز عنه
59 العتق قال وإذا اقرّ الرجل بأخ له من ابيه وقد مات
والده ولم يخلف وارثًا غيره ثمّ هو والمقرّ له اقرّ بأخ
ثالث ثبت نسب الثالث فلو احتال الثالث وهو المقرّ له
ثانيًا فقال إنّ المقرّ له[a] اوّلا ليس بأخ لي وهو كاذب
60 انتفى نسبه ولم يرث قال ولو أنّ خمسة نفر[b] ظهر من
واحد منهم حدث وعند كلّ واحد منهم أنّه لم يحدث
منهم[c] وأمّ كلّ واحد منهم في صلاة وأتمّ[d] به
الباقون كأنّ الأوّل صلّى الصبح والثاني صلّى الظهر والثالث
صلّى العصر والرابع صلّى المغرب[e] والخامس صلّى العشاء
اعاد كلّ واحد منهم الصلوات[f] التي كان مأمومًا فيها
دون التي[g] كان اماما فيها. وقيل إنّ من صلّى العشاء
وهو امام فيها اعاد المغرب والباقون اعادوا العشاء*
61 ولو احتالوا ولم يصلّوا العشاء خلف الإمام في العشاء
لم يعيدوا شيئًا من الصلوات وإنّما يعيد الخامس صلاة
62 المغرب* ولو أنّه احتال ايضًا ولم يصلّ المغرب خلف

---

a fehlt | b + كل | c منه او ام | d وائم | e الغرب | f الصلاة | g الذي

63 امامها لم يُعِدْ هو ايضًا شيئًا من الصلوات[a] قال وإذا استأجر
شيئًا سنة واحدة فتلف الشيء المستأجر في خلال السنة
من غير عدوان فلا ضمان على المستأجر وان تلف بعد
64 مضى سنة فهل يضمن ام لا مذهبان لأصحابنا* فالحيلة
في أن يجعله مضمونًا أن يؤاجره يومًا واحدًا[b] بالأجرة
المعلومة ثمّ يقول له بعد مضى اليوم انتفعْ به على وجه
العارية الى تمام السنة فإذا تلف بعد مضى ذلك اليوم[c]
65 عليه ضمانه قال وإذا اعار بقعة ليبنى فيها مدّة او آجر
بقعة ليبنى فيها او يغرس عليها اشجارًا في مدّة معلومة
فبعد مضى تلك المدّة لا يمكنه مطالبته برفع البناء
66 وقلع الأشجار إلّا أن يضمن النقص[d] قال والحيلة في أن
يلزمه الرفع أن يشترط أنّه يُرْفَع عند مضى المدّة فإذا
شرط ذلك لزم المستأجر والمستعير الرفع ولا يغرم صاحب
67 البقعة له شيئًا قال وإذا كانت له اربعون شاة ووجب
عليه شاة لا يمكنه أن يفرّقها على الأصناف لم يجز له
ذبحها ليفرّق لحمها عليهم ولا بيعها[e] ليفرّق الثمن عليهم
68 ولا دفع قيمتها* فالوجه أن تُحْضِر الأصناف من كلّ صنف

---

a الصلاة | b واحدا | c fehlt | d + او يغرم قيمة البنا والاشجار قايما ومقلوعا | e بيعها

ثلاثة او[a] ما[a] زاد فيدفع اليهم الشاة او يأمرهم أن يوكّلوا
وكيلا ثمّ يدفع اليه قال وإذا دفع ربّ المال الزكاة الى من 69
يظنّه فقيرا فالوجه أن يشترط أنّه زكاة فإذا تبيّن أنّه
كان غنيًّا له أن يرجع فيما دفع ولو لم يشترط لم يجز
له الرجوع * فلو زنا بامرأة وجب عليه الحدّ فلو أنّه 70
احتال[b] وقال إنّها زوجتي لم يجب عليه الحدّ * وإذا 71
تزوّج رجل بامرأة على الف درهم فخالعها على تلك الالف
والألف كانت في ذمّة الزوج فإن كان بعد الدخول صحّ
ولم يرجع واحد منهما على صاحبه بشيء * وإن كان قبل 72
الدخول ففيه مذاهب احدها أنّ الزوج يستحقّ جميع
الألف بالخلع ويرجع عليها بنصف الألف فهي خمسمائة
لأنّ كلّ الألف ملك عليها بالخلع والخلع اذا وقع قبل الدخول
ينصّف[c] المهر وإذا خالعته على الألف فقد صار بألف
فيجب أن يرجع عليها بنصف الألف * والمذهب الثاني 73
أنّ الخلع لمّا وقع على الألف فالنصف من ذلك للزوج
والنصف للمرأة فكأنّها خالعته على شيئين احدهما لها
والآخر لغيرها فيقع الطلاق وفيه قولان احدهما: يبطل
المذكور وبما ذا يرجع الزوج عليها قولان: احدهما بمهر

---

[a] وما [b] احتال [c] تنصف

مثلها والقول الثاني: بقيمة الألف وأمّا الألف التي[a] في ذمّة
الزوج فتنصف[b] والقول الثاني أنّه يصحّ الخلع بقدر الخمسمائة
ويبطل في الخمسمائة التي للزوج، وبما ذا يرجع عليها في
ذلك قولان احدهما: بنصف مهر المثل والثاني: بقيمة
74 نصف الصداق* والمذهب الثالث هو أنّ الخلع قد وقع
على جميع الألف وصحّ إلّا أنّ نصف ذلك عاد اليه بالخلع
والنصف الثاني بالطلاق قبل الدخول وهما اذا علما ذلك
75 فكما[c] صرحا به* والحيلة في أن يخالع من ذلك على وجه لا
يثبت التراجع هو أن يخالعها على جميع ما ثبت لها عليه
بعد الخلع فإذا فعلا على ذلك الوجه وقع الطلاق واستحقّ
76 الزوج النصف بالطلاق قبل الدخول والنصف بالخلع قال
ولو أنّه[d] خالعها على خمسمائة غير الصداق صحّ الخلع بنصف
الألف ووجب على المرأة خمسمائة لحقّ الخلع ويثبت
للمرأة خمسمائة في ذمّة الزوج وهو ما ينصف[e] من المسمّى
77 بالطلاق قبل الدخول فيتقاصّان قال وإذا تزوّجها على الف
وباع منها بالألف دارًا ثمّ اراد[h] المخالعة فإن تقايلا[f] في الدار
78 ثمّ تخالعا على ما وصفنا[g] صحّ قال وإذا ضرب الحاكم للعنّين
المدّة والمرأة ثيّب فعند مضي السنة يفرّق بينهما اذا

---

a النبي | b فيتنصف (sic) | c فكانما | d وبنصف | e تنصف | f تقابلا | g وصفتا
h اراد

طلبت. فلو احتال الزوج وقال قد جامعتها قُبل قولُه مع يمينه
79 ولا يفرَّق بينهما * ولو كانت بكرًا وأقامت البيّنة على البكارة
فُرِّق بينهما ولا يمكنه أن يقول أحلفني أنّها[a] بكر ولكن
لو قال قد جامعتها ثمّ عادت البكارة أُحْلفت على ذلك
80 قال وإذا آلى المجنون وقلنا إنّ ايلاءه يوجب ضُرب
المدّة فإذا انقضت المدّة أُجْبِر على الطلاق. فلو
81 احتال وقال لو كنت صحيحًا جامعتها لم يفرَّق بينهما قال
وإذا طلّق امرأته طلقة رجعيّة ثمّ سافر وراجع قبل
انقضاء العدّة فالوجه أن يُشْهِد على الرجعة كي
يُقْبَل قوله فيها اذا عاد بعد ذهاب العدّة. ولو أنّه
لم يُشْهِد على ذلك وعاد بعد ذهاب العدّة وقال كنت
راجعتها قبل انقضاء العدّة لم يُقْبَل قولُه في احد القولين
82 قال وإذا وكّل رجلا بدفع الف قضاء ما كان عليه الى
رجل فدفع الوكيل اليه فالوجه أن يُشْهِد على ذلك ولو
83 أنّه لم يشهد على ذلك . . . * وكذلك لو امره بأن يودع
عنده فأودع وأشهد حتى اذا جحد القابض القبض لم يلزمه
الضمان. ولو أنّه لم يُشْهِد لزمه الضمان. وإن صدّقه الموكل

[a] انها

Zu V 78-95 cf. Einleitung § 3

84 على الدفع . . . * وإذا . . . [a] على بيع شيء بعد شهر فإذا
85 فعل على هذا الوجه صحّ التوكيل قال وإذا اسلم وعنده ثمان
زوجات فقبل أن يختار منهنّ اربعًا وبعد إسلامهنّ
مات منهنّ اربع [b] فلو اختار [c] الأربع [c] البواقي لم يرث منهنّ.
86 وإن احتال وقال اخترتُ اللّواتي متن ورثهنّ قال وإذا
مات الرجل قبل الإختيار فالوجه أن يعتدّ كل واحدة [d]
اقصى [d] الأجلين من ثلاث حيض او اربعة اشهر وعشرة [e].
ولو جاءت واحدة تطلب الميراث لم تُعْطَ شيئًا فلو احتلن
وجئن خمس أُعطى لهنّ رُبع الثُمْن او رُبع الرُبْع لأنّا
87 نتيقّن أنّ فيهنّ من يستحقّ هذا القدر قال ولو أنّه
اسلم عن اختين وأسلمتا فماتت واحدة قبل الزوج ثمّ
مات الزوج قبل الإختيار سقط ميراث الثانية وجاز
ميراث الأوّلة فقالوا الزوجة كانت الأوّلة وقُبل ذلك
88a منهم على المعوّل من المذهب قال وإذا مرض الصبيّ وأراد
العطيّة لرجل لم يجز مات او تماثل والوجه أن . . . *
88b.89 . . . لم يكن ذلك بحضرته قال وإذا طلّق الرجل امرأته
طلقة رجعيّة وهي جارية في العدّة لم يحلّ له التزويج

---

a لم (sic anstatt der Lücke) | b اربعا | c احتال الاربة | d واحد اقضى
e وعشرا

Zu V 78-95 cf. Einleitung § 3

بأختها وبأربع سواها فلو احتال وقال هذه المرأة اخبرتنى
بانقضاء عدّتها حلّ له ذلك ولكن لا يسقط حقّها من النفقة
والسكنى ما لم تقرّ بانقضاء العدّة قال وإذا وكّله رجل 90
بدفع مال الى رجل فدفع اليه وأشهد شاهدين ومات
الشاهدان وأنكر المدفوع اليه القبض فلو احتال الوكيل
فقال للموكّل ما لك عندى شئ قُبل قولُه مع يمينه ولو قال
دفعتُه الى فلان بأمرك لم يُقْبَل قوله فى حقّه على المعوَّل من
المذهب قال ولو حلف فقال لامرأته إن جامعتك فأنت طالق 91
ثلاثًا ولو جامع وقع الطلاق بأوّل الجماع وعليه نزعه فإن
لبث لم يجب الحدّ ولا المهر على المذهب المعوَّل * ولو نزعه 92
ثمّ عاد الى الجماع لزمه الحدّ إن كان عالمًا بالتحريم وإن
كان جاهلا فالمهر. والوجه أن لا يعود بعد ما نزع. وإن
عاد وادّعى الجهالة بتحريمه لم يجب الحدّ عليه * ولو أنّ 93
المرتهن وطئ الجارية المرهونة أقيم عليه الحدّ. والوجه فى
إسقاط الحدّ أن يدّعى * الجهالة فلا يقام عليه الحدّ حينئذ 94
اذا كان مثله يُعْذَر قال وإذا اقرّ بالزنا فإنّه يقام عليه 95
الحدّ. فلو احتال ورجع لم يُقَمْ عليه الحدّ وهكذا فى كلّ حدّ

Zu V 78-95 cf. Einleitung § 3

96 هو لله تعالى: اذا اقرّ ثمّ رجع سقط عنه * وإذا
اقرّت المرأة بالمهر الثابت فى ذمّة الرجل لم يصحّ الإقرار
وكذلك لو جُنى على رجل فأقرّ المجنى عليه بالأرش
لآخرa او خالع الرجل مع زوجته ثمّ اقرّ بما له لرجل لم
97 يصحّ ذلك على المذهب المعوّل * ولو أنّ هذا المقرّ
قال هذا لفلان بحقّ الحوالة الصحيحة لزمه الإقرار
98 قال ولو أنّ شجرة القرْع دخلت قِدْر رجل وكبر
القرع فيه ولم يُقْدَر على نزعه من القِدْرb إلّا بكسر
احدهما فالوجه أن يُتْرَك ذلك كذلك ويباعان من
99 رجل كَيْ يُعْلَم فيها ما زادc على قول بعض اصحابنا قال
ولا يجوز للوصيّ أن يوصى وإن جعل اليه الموصى على
المعوّل من المذهب. والوجه فى جواز ذلك ان يقول
قد اوصيت اليك ثمّ بعدك جعلت فلانًا وصيًّا لى
100 فإذا قال على هذا الوجه صحّ قال ولو وكّله . . .
يُوصىd له بما يخرج من ثلثه حتى يلزم بموته على
101 القول المعوّل * وكذلك لو اراد عتق عبده فلو نجّزه
لم يصحّ ولكنّه يدبّر حتى اذا مات يعتق على هذا

a الاخر | b + ولم يكن نزعه | c اراد | d يوصى

القول قال ولو أنّ رجلا ارتدّ ثمّ اسلم فجاء رجل وقتله اقتصّ 102
منه فلو احتال وقال ما علمته قد اسلم سقط عنه القود
في قول بعض اصحابنا قال وإذا وجب له قصاص على رجل 103
فأراد أن يوكّل من يقتصّ له بحضرته جاز. وإن كان بغيبته
لم يصحّ على المعوّل من القول قال وإذا ادّعيا[a] رجلان 104
لقيطا وكلّ واحد منهما يقول أنّه ابنه ولم يكن هنالك
قافة او كانت وقد اشتبه عليها فترك الى أن يبلغ اللقيط
وينتسب فلو أنّه مات احد الرجلين وبقي الثاني فلو احتال
الصبيّ وقال انّ ابي هو الميّت ورث ماله. فإن قال هو
الثاني لم يرث قال ولو أنّ الرجل قذف زوجته وانتفى 105
نسب الولد وأراد اللعان وعلم أنّه اذا لاعن قطّ لا
يمكنه التزويج بهذه المرأة وخشي من الندم وعلم أنّه
اذا امتنع من اللعان يقام عليه الحدّ ويلحقه الولد
فلو احتال وطلّقها ثلاثا فإذا لاعن حلّ له التزويج
بها على المذهب المعوّل لأنّ النكاح لم يرتفع باللعان
وانّما ارتفع بالطلاق والتحريم الواقع بالطلاق لا يتأبّد
والواقع باللعان يتأبّد قال وإذا حلف الرجل بطلاق 106

a ادعى ان ابنه كان

امرأته ثلاثًا لا يأكل هذه الرُّطبة بعينها ثمّ حلف بالطلاق
وقال امرأتي طالق ثلاثًا لا بدّ ممّا آكل هذه الموضوعة
هاهنا وأشار الى تلك الرُّطبة فلو اكلها وقع الطلاق
ولو لم يأكلها حتى تلفت وقع الطلاق فالوجه أن يجففها
حتى تصير تمرة[a] ويأكلها حتى لا يقع الطلاق على المذهب
107 المعوّل قال ولو حلف أنّه لا يأكل هذا[b] الجبن ثمّ حلف
ايضًا أنّه يأكله فالوجه أن[c] يأكله بالخبز حتى لا يحنث على
108 قول بعض اصحابنا قال ولو حلف بالطلاق أنّه لا يسلّم على
هذا الشابّ وقال ايضًا إن لم اسلّم على هذا الشابّ
فامرأتي طالق ثلاثًا فالوجه أن يترك سلامه الى أن
يصير شيخًا ثمّ يسلّم عليه حتى يخرج من اليمينين جميعًا
109 قال ولو حلف لا يسلّم على هذا المحرم وحلف ايضًا أنّه
يسلّم على هذا الرجل وأشار الى ذلك المحرم فالوجه أن
يسلّم عليه اذا صار حلالًا حتى يخرج من حكم اليمينين
110 جميعًا قال واذا كانت قناة بين نفسين وأرادا قسمة
الماء فلو احتالا وقطعا الماء من اوّل ارض كلّ واحد منهما
في الموضع الذي اذا قُسم امكن كلّ واحد منهما ان يسقي ارضه

---

a ثمرة | b هذه | c aus انه verbessert

بما يصيبه من الماء ثم يجعلان عليه خشبة مستوية
الأعلى والأسفل ويكون الموضع مستويًا جانباه ووسطه
ثم يفتحان فيها[a] كوّتين مستويتين فإن كان حقّهما
مختلفين فعلى قدر حقّهما قال وإذا فعلا ذلك كانت
القسمة صحيحة قال ولو رضيا بالمهايأة على أن يسوق[b] 111
احدهما الماء الى ارضه ليلا والآخر نهارًا جاز ذلك ولكن
لا يُجبَران على ذلك وعلى القسمة الأوّلة يُجبَران اذا طلب
احدهما قال وإذا شهد خمسة نفر على رجل بالزنا وهو 112
محصن فرُجم فلو رجعوا بأجمعهم دفعة واحدة
وقالوا تعمّدنا ذلك أُقيد منهم. وإن كان واحد منهم احتال
ورجع قبل رجوع الباقين لا شيء عليه لأنّ الحكم قد تقدّم
ثبوته بشهادة الأربعة[c] الباقين قال وإذا شهد ثلاثة 113
على رجل بالعتق وحكم الحاكم بشهادتهم فلو رجعوا بأجمعهم
لزم كلّ واحد منهم ثُلث قيمة العبد. فلو احتال اثنان
منهم ورجعوا لزم كلّ واحد من الراجعين رُبع القيمة
وإذا رجع الثالث بعد ذلك كان عليه نصف القيمة ولو
أنّ الشهود كانوا ثمانية فرجع سبعة منهم كان عليهم نصف

---

a يفتح فيهما b يسوف c الاربع

القيمة مقسومة بينهم على عدد السبعة فإذا رجع الثامن لزمه
نصف القيمة والله اعلم

VI 1 باب بيان الحيل المتعلّقة بالسائلين وحيل السائلين تنقسم على اربعة اقسام. احدها أن يُسْأل عن مسألتين مختلفتي[a] الحكم متّفقتي[b] الصورة، والقسم الثاني أن يُسْأل عن مسألتين مختلفتي[c] الصورة متّفقتي[d] الحكم، والقسم الثالث أن يُطْرح مسائل يحتاج المسئول الى أن يقسم الأحوال، والقسم الرابع أن يُطْرح مسائل ليصعب استخراج جوابها في الحال. وأنا اشير الى مثال كلّ قسم مع حذف الإكثار فانّ الغرض في هذا الكتاب ذكر الأمثلة والأقسام لا عدّ[e]

2 المسائل، فإنّها اكثر من أن تُحْصَى مثال الفصل الأوّل: اذا اخذ رجل قطعة ثلج فمسح بها وجهه عند الوضوء لم يجز، ولو أنّه مسح بها رأسه جاز اذا ترطّب بها الرأس وصورتهما متّفقة والحكم مختلف، والفرق بينهما هو أن في الوجه قد أُمِرَ بالغسل والمسح ليس بغسل فلم يجز، وفي

3 الرأس حصل المسح وقد أُمِرَ به فلذلك جاز* ولو أنّ رجلا لبس خفًّا فوق خفّ فلو كان الأدنى[f] مفتوحًا

a مختلفي | b متفقي | c مختلفي | d متفقي | e عدد | f لادني

جاز المسح على الأعلى[a] وإن كان صحيحًا لم يجز، والفرق بينهما
هو أنّ الخفّ الأدنى اذا كان صحيحًا فالأعلى[b] ملبوس فوق
ممسوس فلم يجز المسح عليه وإذا كان مفتوحًا فى موضع
القدم ملبوس لا فوق[c] ممسوس فلذلك جاز المسح عليه*

4 ولو أنّ رجلا عدم بعض الماء فيلزم أن يستعمل اوّلا
المقدور عليه من الماء ثمّ يتيمّم، ولو أنّه كان على بعض
اعضائه جراحة لا يقدر على ايصال الماء اليها[d] كان
مخيّرًا بين أن يقدّم التيمّم او يؤخّره عن غسل العضو
الصحيح، والفرق بينهما أن فى المسألة الأولى جُوِّزَ[e]
التيمّم لعدم الماء فلا يجوز التيمّم قبل استعمال المقدور
من الماء لوجدانه[f] وبالعدم إنّما يتحقّق بعد استعماله،
وفى المسألة الثانية جُوِّزَ التيمّم اوّلا لأنّه يجوز لوجود
الضرورة والضرورة موجودة فى الحالتين وهو حاصل
استعمل الماء او لم يستعمل

5 قال وإذا ادرك الإمام وهو
فى الركعة واشتغل بقراءة الفاتحة فدخل الإمام فى الركوع
ثمّ هو بقى متمّا[g] للقراءة فلمّا اتمّها ادرك الإمام فى
الركوع ثمّ علم أنّه لحن لحنًا يحيل المعنى، فإن كان اللحن

---

a الاعلا | b والاعلى | c فوقه | d اليه | e جواز (l gestrichen) |
f لوجدانه | g متما (aus متمما verbessert) للفاتحة

فى القدر الذى قرأ قبل أن يركع الإمام عاد اليه وقرأ
وإن كان فى القدر الذى قرأ بعد ما ركع الإمام لم يعدْ،
والفرق بينهما هو أنّ اللحن اذا كان بعد ركوع الإمام
فكأنّه لم يقرأ وقراءة ذلك القدر لم يجب عليه، وإن
كان قبله جُعل كأنّه لم يقرأ ايضًا وقد لزمه قراءة ذلك
6 فلذلك عاد الى قراءته قال ولو أنّ رجلا جمع بين
الظهر[a] والعصر فى وقت الظهر[b] فلا يجوز أن يقدّم
العصر على الظهر ولا أن يوقع بينهما فصلا بعيدًا، ولو
أنّه جمع بينهما فى وقت العصر جاز، والفرق بينهما
هو أنّه اذا جمع بينهما فى وقت الظهر فالعصر[c] تابعة
للظهر فإذا لم يصلّ الظهر يؤدّى الى تقديم التابع
على المتبوع فلذلك لم يجزْ، وإذا جمع بينهما فى وقت
العصر[d] فليست العصر تابعة للظهر فلذلك جاز
7 تقديمها عليها قال وإذا قال لحد الشريكين لصاحبه وهما
موسران اذا اعتقتَ نصيبك من العبد فنصيبى حرّ
فأعتقه صاحبه عتق كلّه على المعتق، ولو قال اذا
اعتقتَ نصيبك فنصيبى حرّ مع عتق نصيبك فأعتقه

---

a + والظهر (gestrichen) | b fehlt | c والعصر | d aus الظهر verbessert

عتق عليهما نصفين، والفرق بينهما هو أنّ فى الأوّل
تقدّم عتق احدهما على صاحبه فى مسألتنا وفى[a] الآخر[a]
8 وقعا معًا فلذلك افترقا* وإذا قال رجل لرجل ان لم
تقتلنى فأقتلك وشهر عليه سيفه فلو قتله لم يكن عليه
قصاص، ولو قال إن لم تقتل فلانًا قتلتك فقتله كان
عليه القصاص فى أصحّ القولين، والفرق بينهما هو أنّ
فى المسألة الأولى إباحة قتل نفسه فلذلك سقط القصاص[b]

9 قال وإذا[c] جمع الرجل بين الظهر والعصر فى وقت
الظهر ثمّ قال نسيت سجدة من واحدة منهما ولا ادرى
من ايّتهما كان عليه اعادة الظهر والعصر فى وقتيهما ولا
يجوز له الجمع بينهما فى وقت الظهر، ولو جمع بينهما فى
وقت العصر ثمّ قال نسيت سجدة كان عليه اعادتهما
ويجوز الجمع بينهما، والفرق بينهما هو أنّه يجوز أن يكون
فى المسألة الأوّلة ترك السجدة من الظهر فلم يصحّ
العصر ولا الظهر أمّا الظهر لترك السجدة فيها والعصر
لا تصحّ إلّا بتقديم الظهر عليها وإنّما لا[d] يصحّ الجمع بينهما
لجواز أن تكون السجدة المنسيّة من العصر فقد صحّ الظهر

---

a fehlt | b + اذا لم يملك ذلك | c + لم (sic; gestrichen) |
d fehlt

ولم يصح العصر وقد وقع الفصل بينهما فلا يصح جمع الظهر
اليها فإن العصر يصح جمعها[a] الى الظهر وإن كان الفصل
10 قد وقع بينهما فلا[b] هذا اول مثال الفصل الثاني والله
اعلم: وإذا قتل عبد مسلم ذميًّا حرًّا لم يجب عليه القتل
ولو قتله هذا الذمّي ايضًا لم يجب القصاص وهما مختلفان
في الصورة متّفقان في الحكم وإنّما لم يُقتَل كلّ واحد منهما
لصاحبه لأنّ احدهما تفضّل على صاحبه بالحرّيّة والثاني
11 بالإسلام قال وإذا كان الرجل مجبوبًا والمرأة رتقاء لم
12 يكن لواحد منهما الخيار * فإن توضّأ رجل وصلّى ثمّ
احدث وشكّ هل مسح على رأسه في ذلك الوضوء ام
لا لم[c] يجب عليه إعادة الصلاة، ولو أنّ رجلا صام
ثمّ لمّا دخل الليل شكّ هل كان نوى فيه ام لا لم يضرّه
لأنّه خرج من كلّ واحد منهما، ولو اعترضه الشكّ في
الوضوء قبل الحدث اعاد الوضوء والصلاة على المذهب
المعوّل وكذلك[d] لو اعترضه الشكّ قبل الخروج من الصوم
13 قال ولو أنّ رجلا قطع ذكر خنثى مشكل فلا تُقطَع
ذكره، ولو أنّ القاطع ايضًا كان خنثى مشكل لم يُقطَع

---

a جمعه. | b كان | c لا | d ولذلك

لأنّه يجوز أن يكون[a] القاطع ذكرًا والمقطوع انثى[1]* وإذا 14
اوضح رجل رأس رجل موضحة تبلغ قدر شبر والمشجوج
ايضًا اوضح رأس والد الشاجّ قدر انملة ومات والده
وهو وارثه فلكلّ واحد منهما أن يقتصّ فإن عفا[b] كلّ واحد
منهما عن القصاص وجب لكلّ واحد منهما على صاحبه
نصف عُشر الدية وهو خمس من الإبل فإن تقاصّا جاز وصورة
الموضحتين مختلفة[c] والحكم فيهما واحد مثال الفصل الثالث : 15
قال وإذا قال رجل: اذا جاء اب الميّت ولم يُعلَم سائر
الورثة وطلب ميراثه كم[d] يُعطى[d1]، قال[e] المسئول: إن كان
الميّت رجلا فأربعة[f] من سبعة وعشرين سهمًا، وإن كان
الميّت امرأة فاثنان من خمسة عشر سهمًا، لأنّ النصيب
الذى للأب فى الحالتين لا ينقص عن ذلك، ولا يجوز للمسئول أن
يجيب عن احد القسمين إلّا بعد أن يفصل قال فإن مات 16
ميّت وترك ثلاث بنات ابن بعضهنّ اسفل من بعض ومع[g] العليا
جدّها قال المسئول إن كان[h] الميّت رجلا فالمسألة محال[i] لأنّ
جدّ العليا نفسه، وإن كان الميّت امرأة فجدّ العليا يجوز أن يكون
زوج الميّت فيكون له الربع إن لم يكن طلّقها ولم يكن[k] حصل

a يكون in يجو aus verbessert | b عفى aus يكو | c مختلفة aus مختلفين verbessert | d لم يعط | e قال aus فان (sic) verbessert | f فار aus فاربعة verbessert | g ومع | h + المسيول (sic) ان كان | i محال | k + هنا | 1 (gestrichen)

هنالك ما بقي من الميراث وللعليا النصف وللوسطى السُدُس تكملة
17 الثُلُثَين قال وإن كان ميّت مات وخلف ابوين وٱبنتين ولم يُقسَم
التركة حتى ماتت احدى[a] الٱبنتين وخلفت من خلفت. الجواب
هو أن يقال: إن كان الميّت رجلا ففريضته من ستّة اسهم[b] للأبوين
سهمان ولكلّ[c] بنت سهمان، فلمّا ماتت احداهما[d] خلفت جدًّا
وجدّة من قبل ابيها واختها وفريضتها ايضًا من ستّة وتصحّ[e]
من ثمانية عشر[f] وهو فريضة الميّت الأوّل[g]، وإن كان الميّت
امرأة ففريضتها من ستّة ثمّ ماتت احدى البنتين عن سهمين
وخلفت اختًا وجدًّا وجدّة من قبل الأمّ: فلا شيء للجدّ
وتكون مسألتها من ستّة فتُضرَب نصف الستّة في جميع
18 الآخر يكون ثمانية عشر ومنها تصحّ الفصل الرابع: قال وإذا
مات رجل وخلف ورثة ذكورًا وأناثًا وترك ستّمائة دينار
فأصاب احد ورثته دينار واحد: في[h] ايّ[h] موضع يكون
ذلك. الجواب أن يقال: ذلك يكون في رجل مات وخلف
زوجة وجدّة وٱبنتين وٱثنا عشر اخًا من اب وأمّ وأختًا[i]
من[i] اب[i] وأمّ[i] وذلك أنّ اصلها من اربعة وعشرين
وصحّتها من ستّمائة فيصيب[k] الأخت من الأب والأمّ

---

a احد | b اسهم | c verbessert g ولكل in بو‑ين, لل gestrichen ; للابوين | d احدهما | e + ايضا | f + فتضرب ثلاثة في ثمانية عشر | g + فيصير اربعة وخمسون منها تصح | h واى | i fehlt | k فتصيب

19 دينار[a] واحد[a] من ستمّائة قال وإذا قال: في ايّ فريضة يكون أن
ترك الرجل سبعة عشر وارثًا من النساء لكلّ[b] واحدة جزء من
سبعة عشر، الجواب هو أنّ ذلك أمّ الأرامل وهو اذا مات
وترك ثلاث زوجات وجدّتين وأربع اخوات من أمّ وثمان
اخوات من اب وأمّ، اصلها من اثنى عشر وتعوّل الى سبعة
عشر وعددهنّ سبعة عشر فيصيب[c] كلّ واحدة منهنّ سهم[d]
منها لا مزيّة لبعضهنّ على بعض

20 قال الشيخ الإمام[e] ابو حاتم محمود بن الحسن القزويني[f] والحيل
ما لا يقدر على ضبطها لمن. ذكرت اليسير منها لمّا سألني من
لم يمكنني ردّه، وهذا القدر إشارة الى مثالها لمن كان فقيهًا
فيتنبّه به لأمثالها والله الموفّق للصواب والحمد لله
وحده وصلّى الله على سيّدنا محمّد وآله وصحبه وسلّم
تسليمًا

تمّ كتاب الحيل في الفقه بحمد الله ومنّته على يد افقر العبّاد الى رحمة
ربّه عبد القادر بن محمّد بن عمر القحف غفر الله له ولوالديه ولجميع المسلمين
وكان الفراغ من هذا الكتاب المبارك يوم الأربعاء في شهر صفر من[g] سنة
الف ومائة وأربعين من الهجرة على صاحبها افضل الصلاة والسلام

[a] دينارا واحدا [b] كلا [c] نصيب [d] سهما [e] + السعيد [f] + رحمه الله تعالى [g] + شهر

Verzeichnis der bei al-Qazwīnī erwähnten Juristen.

ابو اسحاق IV 38 : ابو اسحق ابراهيم بن احمد بن اسحق المروزى
المتوفى سنة ٣٤٠ (Schüler; Wüstenfeld II Nr. 122
von ابو العباس)

ابن خيران V 9 : ابو الحسن بن خيران المتوفى سنة ٣٢٠ أو ٣٢١
(Fihrist ٢١٥ 21 f. und Anm. 6)

الزبيرى IV 45 : ابو عبد الله محمد بن سليمان الزبيرى المتوفى
سنة ٣١٧ (Brockelmann I 180 Nr. 4; Wüsten-
feld II Nr. 89)

الشافعى IV 31. 32 : ابو عبد الله محمد بن ادريس الإمام الشافعى
المتوفى سنة ٢٠٤ (Brockelmann I 178)

ابو العباس IV 31. 32. 39. 83 : ابو العباس احمد بن عمر بن سريج
البغدادى المتوفى سنة ٣٠٤ (Brockelmann
I 180 Nr. 5; Wüstenfeld II Nr. 75; Lehrer
von ابو اسحق)

المزنى IV 22 : ابو ابراهيم اسمعيل بن يحيى بن اسمعيل المزنى
المتوفى سنة ٢٦٤ (Brockelmann I 180 Nr. 2;
Wüstenfeld I Nr. 30)